我是写作者

李海峰　龙妈　千百合 ◎ 主编

图书在版编目(CIP)数据

我是写作者/李海峰,龙妈,千百合主编. -- 武汉：华中科技大学出版社,2025.4. -- ISBN 978-7-5772-1735-2

Ⅰ．H05

中国国家版本馆 CIP 数据核字第 2025UQ9566 号

我是写作者　　　　　　　　　　李海峰　　龙妈　　千百合　主编
Wo Shi Xiezuozhe

策划编辑：沈　柳
责任编辑：沈　柳
封面设计：琥珀视觉
责任校对：李　琴
责任监印：朱　玢
出版发行：华中科技大学出版社（中国·武汉）　　电话：(027)81321913
　　　　　武汉市东湖新技术开发区华工科技园　　邮编：430223
录　　排：武汉蓝色匠心图文设计有限公司
印　　刷：湖北新华印务有限公司
开　　本：880mm×1230mm　1/32
印　　张：9
字　　数：210千字
版　　次：2025年4月第1版第1次印刷
定　　价：55.00元

本书若有印装质量问题,请向出版社营销中心调换
全国免费服务热线：400-6679-118　　竭诚为您服务
版权所有　侵权必究

序言
PREFACE

我连续 5 年当选"当当影响力作家",2023 年、2024 年当选的 400 多位"当当影响力作家"中,有 40 多位是我的好友,所以我在 2024 年萌生了主编《我是作者》合集,邀请这些厉害的好友分享写作心得的想法。

在陆续收集稿子的过程中,我被这些朋友的真诚打动。我回顾初心,问自己:**我是要编一本教别人写作的书,还是要编一本引发共鸣、鼓励大家前行的书?** 最后,我的决定是后者。于是,在收到 10 位"当当影响力作家"写的文稿后,我开始扩大征稿范围,邀请不同阶段的写作者加入,本书也更名为《我是写作者》。

这篇序言写于我前往南极旅游的途中。现在,我人在乌斯怀亚,站在世界尽头的邮局前,摩挲着来自南极洲的明信片。乌斯怀亚的寒风裹挟着比格尔海峡的咸涩空气,在码头的铁皮屋檐下奏起命运的交响曲。这座位于南纬 54°47′ 的小城,既是人类文明最后的驿站,也是通往未知大陆的起点——**正如写作本身,永远在已知与未知的边界游走。** 当我将笔记本电脑搁在漆皮斑驳的木质窗台上,看着邮轮汽笛惊起信天翁的刹那,忽然懂得《我是写作者》的宿命:每个字句都是投向海洋的漂流瓶,终会在某个海岸引发共鸣。

你笔下的文字,终将成为世界的回响。 这个认知在组稿过程中愈发清晰。我突然意识到,写作教学的本质不应是技巧的堆砌,而是灵魂的互证。就像乌斯怀亚港那些系着彩色缆绳的船只,看似各自漂泊,其目的都是穿越德雷克海峡。

人生不是待写的草稿,而是不断修订的杰作。 此刻远眺着冰川消融的达尔文山脉,这个认知变得具象而有反差。十九世纪被流放至此的囚徒们,用砖木砌成了童话般浪漫的彩色木屋;曾经运送犯人的蒸汽火车,如今满载着寻找纯净的旅人。

写作何尝不是如这般凤凰涅槃?每个作者都在用文字修订命运的错版,如同乌斯怀亚的黄昏,霞光总在云层裂开的瞬间重新调色。这或许就是写作最本质的隐喻:**在限制中创造自由,在苦难里萃取美。**

我此时位于西经 68°18′11″、南纬 54°47′,这里经度与北京大约相差 180°,仿佛暗示着写作是一种镜像修行——**既要直面内心的暗礁,也要反射时代的微光。** 就像乌斯怀亚那座红白相间的灯塔,既为归航者指引港湾,也给远行者照亮前路。愿每位打开本书的写作者,都能在此找到属于自己的磁偏角,让文字如南十字星般校准生命的航向。

此刻有邮轮汽笛声穿透海雾,下午就要登船的我在文档末尾敲下:这本最后一个标点符号是在世界尽头敲下的书,或许会成为许多人寻找文学新大陆的起点。

李海峰于乌斯怀亚

独立投资人

畅销书出品人

DISC＋社群联合创始人

2025 年 3 月 22 日

目录
CONTENTS

从 0 到畅销：普通人的写作奇迹 — 001
千百合

用生命影响生命 — 009
龙妈

写作，是平凡人点亮世界的方式 — 017
杨斌

以笔为帆，领航教育商业新生态 — 025
黄玉竹

用文字探索心灵，用成长成就彼此 — 033
大卫飞思

带着音乐旅行的生命体验者 — 040
韩颖

我是一名写作者 — 048
红英

38岁裸辞,从月薪3000元的小编辑到百万发售文案操盘手——用发售文案撬动人生 — 056
大双

探寻保险企业家的写作意义 — 063
郑钱

为表达而写 — 071
方建秋

文字的力量:跨越时空的梦想与传承 — 077
卢蔚青

一个为育儿而成长的普通母亲自述 — 085
逗号

生而摇滚
梁策 — 092

书写人生，绽放女性华彩之光
盛韵清 — 100

如何用写作翻转人生的剧本
蕾蕾 — 107

45 岁妈妈如何获得自由人生？
书辰 — 115

字里行间：10 年写作之旅与人生的 3 次蜕变
陈廷伟 — 123

写作的勇气：从隐藏到分享的转变
梦琪 — 130

我是写作者，愿写出我的百岁人生
潘可能 — 137

写作点亮人生　　　　　　　　　　　　*144*

李焱

书写的力量：从笔尖到心灵的使命探索之旅　　*152*

李易遥

7年8本畅销书——我是作家，
更是自己，如何改写人生剧本　　　　　　　*160*

Angie(安姐)

书是最好的社交货币　　　　　　　　　　　*168*

傅一声

7年写200万字，出版了5本书，发出100多万元稿费，　*176*
打造个人IP的3个超级心法

韩老白

写作给我带来的改变　　　　　　　　　　　*184*

弗兰克

从程序员到畅销书作家,写作 10 年   *191*
如何改变我的人生轨迹

> 安晓辉

写作 10 年,从女 IT 工程师到出版 9 本书的畅销书作家   *200*

> 弘丹

从 0 到拥有 30 万粉丝,坚持写作 8 年,我做对了什么?   *208*

> 理白

写作是技能,更是杠杆,   *216*
让我的业务降本增效,撬动 10 倍营收

> 梁靠谱

纯素人 2 年出版 6 本书——普通人如何   *223*
以笔为剑,逆天改命?

> 思林

我们为什么要好好写作?   *233*

> 覃杰

人生不长，做自己的执笔人　　　　　　　240
`二薇老师`

从项目经理到畅销书作家：　　　　　　　246
我用写作点燃人生的下半场
`焱公子`

不下牌桌，坚守在写作赛道　　　　　　　254
`杨小米`

小镇青年的逆袭：从写第一本书开始　　　263
`叶小鱼`

与你同行　　　　　　　　　　　　　　　270
`张盛玥`

从0到畅销：
普通人的写作奇迹

千百合

畅销书出品人
独立投资人
AI赋能共创者

01
每个人都可以成为作者

"有没有一个瞬间,你觉得自己的故事值得被记录?"

"写作不是天赋,而是选择;出书不是奇迹,而是行动的结果。"

我相信,每个人都有自己的故事,值得被记录并分享。这些故事或许平凡,却能深深地打动他人。我始终坚信:写作给了梦想一次落地的机会,而故事是我们与世界沟通的桥梁。

今天,我想通过我的故事告诉你:写作并不困难,无论你是谁,你都可以通过文字传递自己的智慧,甚至改变人生。"我行,你也行!"这是我在写作路上最深的感悟,也是我想与你分享的心得。

小时候,我是个内向的孩子,不敢讲话,不爱讲话。在人多的场合,我总是那个默默倾听的人。我常常觉得,与其说出不够完美的话,不如保持安静。因此,在人群中,我很少展示自己,甚至可以说,我害怕被人注意到。

文字成了我的出口。 在我的日记本里,我拥有一个完全属于自己的小世界。那是我唯一的舞台——在那里,我可以畅所欲言,与自己对话,记录我的感受和梦想。对我来说,写日记不仅是一种习惯,更是我与世界建立联系的方式。通过文字,我可以自由地表达自己,做真正的自己,而不需要面对他人评判的目光。

在我的孩童时代和青少年时代,我留下了无数本日记,那是我最珍贵的资产。这些日记不仅记录了我成长的心路历程,也见证了我那些幼稚却真实的梦想。即使到了大学时代,我依然保留着写日记的习惯。日记本一直是我最忠实的伙伴,陪伴着我度过了一个个孤独或充满希望的日子。

上大学时，我选择了计算机专业。这是一个典型的工科专业，主要与代码打交道。我的日记本逐渐变成了备忘录和学习笔记，内容变得更加简洁实用。

在研究生阶段，我开始学习人工智能（AI）。这是一门很有挑战性的热门学科，需要很强的逻辑思维和做大量的研究工作，与写作几乎没有直接的联系。然而，我依然热爱阅读。书籍是我的灵感来源，它让我在复杂的技术世界里找到平衡，找到安宁。

我爱书，爱那种沉浸在书香中的状态。翻开书页时，那淡淡的纸香让我仿佛可以穿越时间，与作者进行无声的对话。"书中自有黄金屋，书中自有颜如玉。"在我眼中，书中的黄金屋，是丰盈的思想；书中的颜如玉，是智慧的光辉。

阅读让我得以暂时摆脱繁忙的实验和研究，进入另一个丰富多彩的世界。在那里，我不仅看到了人类的过去与未来，也重新认识了自己。

命运有时会和我开玩笑。在浙江大学读书的我，原本计划完成博士生学业，但因计划改变，我选择退学并赴美留学。离开熟悉的环境，来到陌生的国度，一切都变得不同。在美国，我从学生到职场人，再到自主创业者，一步步走上了自己的事业道路。虽然生活的重心一直在变化,但书始终伴随我左右。

我热爱阅读,它不仅是我的爱好,更是我寻找灵感的途径。有一次,我偶然读到了一本书,这本书让我与写作产生了紧密的联系,我的生命轨迹悄然改变。

02
改变人生的偶然机遇

这本书是《一分钟百万富翁》(The One Minute Millionaire),是一本改变我人生的重要图书。这本书的两位作者,分别是《心灵鸡汤》的作者马克·维克多·汉森(Mark Victor Hansen)和理财畅销书作家罗伯特·G. 艾伦(Robert G. Allen)。后者是知名的理财顾问,著有《无所不能》《创造财富》等经典作品。他们联合创作了许多家喻户晓的经典作品,在《一分钟百万富翁》这本书中讲述了一个让我深受触动的故事。

这个故事的主角,就是辛迪·卡什曼(Cindy Cashman)。她出版了一本无字书,销量达到上百万册,她也因此成为百万富翁。辛迪的故事让我明白:**创意和行动可以突破一切界限,改变人生。**

那时的我深受辛迪的启发,内心充满了渴望。于是,我开始上网查找她的联系方式——电话、电子邮件,不放过任何一个能联系到她的线索。我给她写了一封非常真诚的邮件,并试图拨打她的电话。虽然电话无人接听,但邮件得到了回复。

出乎意料的是,我住在达拉斯,辛迪居然住在离我仅四小时车程的奥斯汀。这让我觉得一切仿佛都是命运的安排。她邀请我去她家,我怀着激动和期待驱车前往。

当我到达时,眼前的景象让我深受震撼。她的家坐落在一个湖边,有一个绿树成荫的宽广庭院,宛如人间仙境。我站在那里,许下了一个愿望:有一天,我也要住在这样一个美丽且能拥抱自然的地方。多年后,这个愿望真的实现了。我住进了湖边绿树环绕的新家,印证了只要有梦想,努力就能实现。

03 从翻译到财务自由的启发

在翻译了辛迪的图书后,我的写作之路迎来了另一个重要的转折点——Money Is My Friend。这本书的作者菲尔·劳特(Phil Laut)是哈佛大学的一名毕业生,同时也是一位非常成功的企业家。他以研究金钱心理学闻名,帮助无数人通过改变思维方式实现了财务自由。

当菲尔了解到我是与辛迪合作过的译者后,他主动联系了我。他说:"我的书 Money Is My Friend 还没有中文版,我想把它带给中国的读者,你愿意帮我翻译并在中国出版吗?"那一刻,我感到既惊讶又兴奋。翻译一位如此知名的作者的书是一种荣幸,更是一种责任。

我拿起这本书,随意翻开几页,就立刻被书中的理念吸引了。书中的内容不仅仅是关于金钱管理,更是关于如何从根本上改变对财富的态度。"钱是我的朋友"这个核心句一下子"抓"住了我。

在开始翻译之前,我参加了菲尔的线下课程。通过面对面的学习,我深入地理解了他的金钱哲学以及如何应用他的理论来实现个人的财务自由。这个课程不仅让我更好地完成了翻译工作,还让我重新认识了金钱。我开始用更健康、更开放的态度对待财富,并将这些理念融入生活。

最终,Money Is My Friend 被翻译成了《富裕终生》,并由中国经济出版社正式出版。这本书在中国出版,不仅让更多人接触到菲尔的思想,也让我真正感受到书籍可以跨越语言和文化的界限,成为改变人生的工具。

04

自由人生:从译者到作者,开启更多可能

当李海峰老师和钱洁老师召集《自由人生》的合集作者时,我正在"人生百国"的旅途中。《自由人生》深深地吸引了我,作为一个"五由人",我追求身体、心灵、财富、时间、空间的全面自由。"自由"不仅是我的生活方式,更是我始终坚持的信念。于是,我立即报名。之后,李海峰老师以他独特的感召力,让我感受到参与这个项目意义非凡。海峰老师常说:"我愿用此生支持更多人成为畅销书作者。"他的信念和使命感深深感染了我。**这不仅是一次写作的机会,更是一场自我表达的旅程**。我希望通过文字,讲述自己的故事,同时激励更多人相信存在过上自由人生的可能。

最终,《自由人生》顺利出版,并成为畅销书。这让我深刻感受到文字的力量——它不仅是思想的表达,更是与世界建立联系的桥梁。通过这次合作,我与海峰老师建立了紧密的联系,这也让我有机会接触更多的写作项目。

在《自由人生》之后,我先后参与了更多图书的创作与推广,包括《读点金句》《好书金句》《无限可能》以及本书。这些书不仅记录了我的个人成长,也为更多读者提供了启发和价值。我也拥有了"畅销书出品人"的身份,帮助更多普通人实现写作梦想,让他们的人生故事能够被更多人看到。

我们正在推进的重点项目包括《边玩边赚》《吃出健康》和《时间自由》等书。这些项目旨在帮助人们在享受生活与工作的同时,实现财务自由,并通过书籍聚焦健康、时间管理和自我表达,帮助更多人改善生活方式,迈向更加自由与幸福的人生。

05
成为畅销书作家,你也行

今天,我不仅是一名畅销书作家,还是一名畅销书出品人。我相信,每个人的人生都有故事值得被记录,而我的使命就是帮助普通人,将他们的人生故事写出来,影响更多人。

"写书,是让世界看见你的最好方式。"

"让你的故事,成为别人的人生指南。"

写作是一件值得尝试的事情。**无论你是谁,无论你的故事多么平凡,它都值得被关注**。人生的每一段经历都可以化作文字,成为未来的礼物。

让我们一起,用文字连接世界,用故事改变人生!我行,你也行!

写作给了梦想一次落地的机会，而故事是我们与世界沟通的桥梁。

用生命
影响生命

龙 妈

畅销书出品人
知识创富教练
日常带娃宝爸

在生命的旅途中前行,我们常常如同置身于迷雾中,忙碌地追寻着一个个目标,却在不经意间迷失了自我。写作,于我而言,恰似那穿透迷雾的灯塔,从多个维度照亮了我的内心世界,赋予生命别样的意义。心理咨询师的身份,让我有机会见证无数的故事,也让我看到了其中的非凡意义,还激发了我的写作热情。我迫切希望这种热情可以延续下去。

01
写作是你的"雁过留痕"

我在开展讲座时,经常会带学员玩一个撕纸游戏,帮助他们理解时间是如何分配的。我们把一张 A4 纸多次折叠后再展开,折痕会把这张纸分成 24 个格子,每个格子代表 1 小时。我们将一天 24 小时分解成一个个格子,并且标注上我们做某件事实际花费的时间,比如,睡觉用了 8 小时,那就撕掉 8 个格子,写上"睡觉";同理,你可以撕下工作、吃饭、刷视频、打游戏……最终,你会惊奇地发现,手上还有一些格子,你不知道该写什么。所以,我把这个游戏叫作"时间都去哪儿了"。

"逝者如斯夫,不舍昼夜。"每一秒都在悄无声息地溜走,但总有一些痕迹能证明你曾来过这个世界。写作就是你过往的痕迹,是你在人世间走过一遭的证据。

我时常在想,为什么有文化的古人那么在意墓志铭,墓碑上刻的都是丰功伟绩吗?不尽然也!

现在,我想明白了,无论是辉煌还是平淡,你都值得在这个世上留下一笔,未必是浓墨重彩的一笔。你需要记录下你经历过的辉煌时刻,也需要铭记你经历过的至暗时刻,甚至需要记录你那些不怎么刻骨铭心的琐碎事件。

每一次落笔都是对自身存在的一种确认,是对过往的一次回顾和总结。 无论是辉煌成就还是平凡日子,写作是我们向世界宣告"我来过,我体验过,我思考过"的独特方式。这不仅是对个人记忆的珍藏,更是对生命意义的深刻探索。每一个故事都是一座桥梁,连接过去与未来,可以跨越遗忘的深渊。

02
写作是你的"活在当下"

在这个快节奏的时代,人们追逐各种目标,如同旋转不停的陀螺,被各种事务和诱惑驱使,难以停下脚步、静下心来聆听内心的声音。而写作,恰恰是那个难能可贵的让我们"停下来等等灵魂"的契机,让我们有机会停下脚步,慢下来,静下来,专注于此时此刻的感受,沉淀,觉察,然后继续上路。

当我坐在书桌前,面对空白的纸张或闪烁的屏幕,就仿佛开启了一场与自我的深度对话。在这个瞬间,外界的喧嚣渐渐隐去,内心的浮躁也慢慢消失,我开始专注于自己的思绪,梳理那些纷繁复杂的情感与念头。

记得有一次,在经历了一次事业上的挫折后,我的心情极度低落。起初,我陷入了无尽的抱怨和自我怀疑之中,内心如同被暴风雨袭击的海面,久久不能平静。但当我尝试拿起笔,将内心的痛苦、困惑和不甘——倾泻到纸上时,神奇的事情发生了。在书写的过程中,我逐渐从情绪的旋涡中抽离出来,开始以一种更为客观冷静的视角审视自己的经历。我不再是被负面情绪淹没的受害者,而是一个深入剖析自我、探寻内心真相的探索者。写作让我在那一刻真正地活在当下,全身心地投入到对自我的觉察与理解之中,从而为心灵找到了一片宁静的港湾,也为重新出发积蓄了力量。

在忙碌的世界里找到一片宁静之地,那里只有你想和自己说的话。写作鼓励我们活在当下,珍惜每一次呼吸、每一次心跳以及每一个微笑。不是所有的时刻都需要铭记,但值得铭记的时刻绝不应被错过。每一次写作都是对生活的庆祝,也是对未来可能性的邀请。它提醒我们要时刻准备迎接新的灵感,勇敢面对未知的挑战,并始终保持一颗热爱生活的心。

03
写作是你的"掘金之旅"

叙事治疗理论深刻地揭示了一个道理:**每个人都拥有独一无二的生命故事,而这些故事构成了我们独特的身份标识。**无论是充满欢笑与荣耀的过往,还是饱含泪水与挫折的经历,于我们的人生而言,皆是价值连城的宝藏。

我有时会带着来访者做一个叙事游戏,总共有 4 个步骤:①假如某出版社邀请你写一本书,通过你的自传来滋养你的读者,请写出这本书的 6 个章节名称;②你提交之后,该出版社告诉你,读者觉得篇幅太短,需要增加章节,现在请在每 2 个章节之间增加 1 章;③现在篇幅略长,麻烦你删掉其中1章;④读者反馈,最想看的就是你删掉的那1章,现在麻烦你先写完那1章!

这样的练习,其实就是一段掘金之旅,引导我们挖掘内心深处那些被遗忘或未被察觉的情感和想法,也让你清楚地看到你一直想要回避的是什么,让我们有机会直面它,挖掘其中的意义,然后战胜它。有时候,最珍贵的金子就埋藏在我们最深的恐惧之下。

写作的过程如同矿工在黑暗中摸索,最终发现了光芒四射的宝石。每一次挖掘都是对自己的一次挑战。它帮助我们在复杂多变的世界中找到真正的自我,发现那些被忽视的美景;它促使我们不断成长,超越自我,成为一个更加完整的人。当你用心书写时,你不仅仅是在记录,更是在创造一个全新的自我。通过文字,我们能够重新诠释过去的事件,赋予它们新的意义;同时也能预见未来的可能性,规划更美好的人生蓝图。

每一个挫折,都可能成为我们成长的基石;每一次成功,都蕴含着激励我们继续前行的力量。通过写作,我们将这些散落的珍珠一

颗颗拾起,串成属于自己的璀璨项链,让生命的价值在文字的映照下熠熠生辉。

04
写作是你的"终其一生"

  人生就像一场漫长的旅行,而写作则是旅途中不可或缺的一部分。我们都是时间的行者,用文字铺就通往永恒的道路。每一位写作者都在用不同的方式编织自己的故事,无论长短,都充满了独特性和价值。从出生到死亡,我们不断积累经验,形成观点,最终凝结成一部属于自己的巨著,这就是我们的生命之作。

  我们的每一个选择、每一次行动、每一段经历,都是在这作品上落下的笔触。从懵懂无知的孩童时代,到朝气蓬勃的青春岁月,再到沉稳内敛的中年时期,直至回首与反思的暮年时期,生命的每一个阶段都构成了这部作品不可或缺的章节。

  就如同列夫·托尔斯泰,他的一生便是一部波澜壮阔的文学巨著。他在俄国的广袤大地上经历了战争与和平的洗礼,目睹了社会的变革与人性的挣扎。他用自己的笔触描绘出了一幅幅生动逼真的历史画卷,塑造了一个个鲜活立体的人物形象。他的作品不仅是文学的瑰宝,更是他对人生深刻理解与感悟的结晶。我们虽然可能无法达到托尔斯泰那样的文学高度,但同样可以在自己的人生舞台上用心书写属于自己的精彩篇章。

  当我们回首往事,阅读自己曾经写下的文字时,仿佛能看到年轻时的那个自己正在努力成长。因此,**写作不仅是对过去的纪念,**

也是对未来的一种承诺。"写下今天的故事,是为了明天的自己能够读懂。"它提醒我们,即便生活平凡,也能创造出非凡的意义。即便是最普通的生活,也可以闪耀出不凡的光芒。

05 小结

写作是我记录时光的史官,让我在岁月的流转中留下清晰的足迹;它是我心灵的抚慰者,在喧嚣与浮躁中为我开辟一片宁静的净土;它是发现自我的探险家,引领我在生命的宝藏中寻觅智慧与力量;它更是我人生的建筑师,用文字构建起一座独一无二的精神大厦,承载着我的梦想、追求与对世界的认知。

写作是连接作者与读者的心灵纽带。 每一篇作品都是一个窗口,透过它可以看到另一个世界的风景。通过出版,我们不仅分享了自己的故事,也激励了更多人去探索自己的内心世界。当你的故事触动了他人的灵魂,你就不再是孤单的行者。这正是写作的魅力所在:它让每个人都能成为自己故事的主人,并且有可能影响甚至改变他人的生活。

愿每一位读者都能受到启发,拿起手中的笔,书写属于自己的精彩篇章。身为心理咨询师的我,可以陪你挖掘你的生命故事,让你心底的宝藏重见天日;身为畅销书出品人的我,会协助你,让你的故事得以出版,得以传播,以便影响更多人。

每一个故事都是一座桥梁，连接过去与未来，可以跨越遗忘的深渊。

写作，
是平凡人点亮
世界的方式

杨　斌

终身学习者
早睡早起践行者
跑步快走践行者

写作，能让平凡的生活悄然绽放光芒。在这个快节奏、信息爆炸的时代，我们静下心来，用笔尖记录那些微妙的瞬间，就会发现，写作不只是记录，更是一种点亮世界的方式。

今天，我想与你分享一个普通公务员的写作蜕变故事。这是一场从平凡走向不凡的旅程，也是一次在内心深处改变自我的冒险。

01
平凡的生活

我生活在一个安静的小城——甘肃省天水市，从小过着循规蹈矩的生活。高中毕业后，我上了技校，进入工厂工作。每天在流水线之间穿梭，虽然稳定，但内心总有些不满足。我渴望更多的知识和可能性，于是在 1985 年，我决定参加电视大学的考试，选择了法律专业。1993 年，我参加全国律师资格考试，取得了律师资格。

这个选择改变了我的人生轨迹。通过几年的努力学习，我不仅学到了新的知识，还对未来充满了期待。1994 年，我参加了公务员考试，并顺利通过，进入体制内，成为一名公务员。

这份工作让我过上了稳定的生活，但也让我感到某种隐隐的失落。每天朝九晚五，重复着同样的工作，生活渐渐变得平淡。我开始问自己：难道我的一生就是这样了吗？一次偶然的机会，让我重新找回了对生活的热爱。

02
转折点：从阅读到写作

那次转折发生在一次外出培训中。一位同事向我推荐了"得到"这个知识分享平台，说这里有很多值得学习的内容。我抱着试一试的心态注册了账号，没想到，这成了我生活的一个新起点。

初识"得到"时，我最喜欢看课程里的读书笔记和知识分享。接着，我开始尝试写笔记，记录书中的精华与自己的感悟。起初，这些笔记内容简单、生硬，像流水账一样毫无亮点。但我并没有放弃，而是不断思考如何让自己的笔记更有价值。

有一天，朋友对我说："你的笔记已经不错了，但如果加入你的感受，可能会更打动人。"这句话让我开始重新审视自己的写作。我意识到，写作不只是记录别人的智慧，更是用自己的语言创造独特的内容。

03
写作，是一次对自己的发现之旅

写作的道路从来都不是一帆风顺的。刚开始加入个人感受时，我总觉得自己写得不好，甚至害怕别人看到。但正是在这种不完美中，我找到了写作的意义：它不是追求完美，而是追求真诚。

第一次把笔记分享到"得到"平台时，我的手指悬在"发布"按钮上，犹豫了几秒。点击之后，我的心跳得飞快。几个小时后，我收到了人生第一条评论:"你的笔记让我看到了书籍的另一面,谢谢你。"这一句简单的话,让我感到前所未有的满足。那一刻,我意识到,写作不仅是表达自己内心的途径,更是一种与世界连接的方式。

从那以后,我开始有意识地将生活中的感悟融入文字,比如,我曾写下一次散步时的所见所感:路边的野花、清晨的薄雾,这些看似平常的景象,被文字赋予了新的生命;我也曾写下一次与家人的深夜谈话,那些真诚的交流让我的文章更有温度。

04
平凡中的坚持,点亮了生活

写作不是一蹴而就的事情。它需要时间,需要耐心,更需要一种对生活的专注。每当我感到疲惫或者陷入写作瓶颈时,我都会提醒自己:平凡不可怕,可怕的是我们失去了发现平凡之美的能力。

有一次,我尝试写一篇名叫"致未来的自己"的文章。这是一次全新的尝试,因为我不再写给读者,而是写给十年后的自己。在文章中,我记录了自己的梦想、对生活的期待以及对当下的反思。这种写作方式让我深受触动。通过与未来对话,我重新找回了对当下生活的热爱。这篇文章后来成为我的公众号里最受欢迎的文章,也引发了许多读者的共鸣。

05
文字的力量：平凡的人也能改变世界

平凡的我们常常低估自己的力量，总觉得自己不值得被听见。通过写作，我发现，每一个人都有属于自己的故事，而这些故事中蕴藏的力量，远超我们的想象。比如，有一次，我在公交车上听到一位母亲跟孩子对话，她用温柔的语气鼓励孩子勇敢面对考试的压力。这个场景让我看到了爱与支持的力量。回到家后，我把这个场景写成了一篇短文，取名为《公交车上的人生课》。这篇文章引起了很多人的共鸣，许多人留言说："这个故事让我想起了妈妈。"原来，文字可以这样轻易地触及别人的心灵。

06
写作的智慧：五个关键建议

写作没有标准答案，但以下五个建议是我从实践中总结出的经验。

1. 找到自己的独特视角

写作的魅力在于表达真实的自己。不要试图模仿他人，而是让你的独特视角成为作品的灵魂。

"文字最有力量的地方，是它的真诚。"

2. 形成习惯,让写作成为生活的一部分

哪怕每天只写 200 字,也要坚持下去。日积月累的力量,远比偶尔的灵感爆发更可贵。

"每天落笔,就是在为未来的自己铺路。"

3. 阅读,让灵感源源不断

阅读不仅是学习的过程,也是与伟大思想者对话的过程。它会让你的写作更有深度和广度。

"阅读是写作最好的养料。"

4. 拥抱瓶颈,把挑战当作成长的契机

瓶颈是写作的一部分,而非障碍。当灵感枯竭时,不妨停下来去观察生活,灵感往往会在意想不到的地方出现。

"每一次卡壳,都是一次自我突破的机会。"

5. 与他人分享,让文字连接更多人

写作不该是孤独的旅程,与他人分享你的故事,不仅能获得反馈,还能让你的文字影响更多人。

07

文字的力量:点亮生活,照亮他人

写作不仅改变了我的生活轨迹,也让我看到了平凡中的不平凡。

每当我拿起笔,我都感受到一种内心的平静和力量。它帮助我理清头绪,记录感动,让我发现原本容易被忽略的生活之美。

"写作是一次点亮生活的旅程,它让平凡人也能创造属于自己的辉煌。"

亲爱的读者,无论你是谁,无论你生活在哪里,请相信你的故事值得被记录。拿起笔,开始你的写作之旅吧。因为每一个字,都是在为自己创造无限可能。

"写作,是平凡人点亮世界的方式;而你的笔,正在创造属于自己的辉煌。"

我意识到，写作不只是记录别人的智慧，更是用自己的语言创造独特的内容。

以笔为帆，
领航教育
商业新生态

黄玉竹

贤贤教育创始人
正面管教讲师
商业咨询师

在生命的浩瀚长河中,每一个新生儿都宛如一张白纸,父母则是初始写作者,期望用一笔一画勾勒出孩子未来的轮廓。我,作为一个平凡而又特殊的宝爸,在这幅名为"父亲"的画卷上,开启了一次惊心动魄且意义非凡的创作之旅。

01

初涉育儿之境:宝爸执笔新体验

当我的孩子呱呱坠地,那第一声啼哭仿若划破夜空的星辰,唤起了我心中无尽的温柔与喜悦。然而,这份喜悦并未持续太久,便被接踵而至的育儿挑战所冲淡。面对这张纯净的"白纸",我时常感到手中的笔沉重而笨拙。传统育儿观念的墨渍在现实多元的冲击下,晕染出一片迷茫与困惑。我在宠溺与严厉之间徘徊,每一次下笔都充满了犹豫与不安,生怕一个不慎,便在这张"白纸"上留下难以磨灭的痕迹。

当我在育儿的迷雾中苦苦挣扎时,命运的齿轮悄然转动,我邂逅了正面管教。那是在一次偶然的阅读中,正面管教的理念如同一束明亮的阳光,穿透层层阴霾,直射入我心底。"和善而坚定",这五个简单的字,仿佛蕴含着无穷的力量,在我心中勾勒出一幅全新的育儿画卷。**它教会我,在与孩子的相处中,爱应如春日暖阳,温暖而不炽热;规矩应如参天大树,坚定而不可动摇。**那一刻,我仿佛被一种神秘的力量牵引,迫不及待地想要深入探究这一理念的奥秘,渴望用它来重新书写我与孩子之间的故事。

02

正面管教之旅：墨香渐浓的探索

怀着对正面管教的炽热向往，我踏上了这条充满挑战与收获的学习之路。在两年的时光里，我如饥似渴地沉浸在正面管教的知识海洋中，先后获得了正面管教体系内的四个重要认证。从作为专注家庭教育的"家长讲师"，我学会了如何用智慧与爱，在家庭这片小天地里，为孩子营造一个温馨、和谐且充满尊重的成长环境；到作为处理亲密关系的"婚姻长乐讲师"，我领悟到夫妻之间的关系如同家庭的基石，稳固而坚实的婚姻能为孩子的成长提供源源不断的安全感与力量；再延伸至作为学校教学管理的"学校讲师"，我深知学校是孩子成长的一片重要天地，良好的师生关系、家校合作关系，犹如春风化雨，滋润着孩子求知若渴的心灵；乃至作为职场领域的"职场赋能引导师"，我发现正面管教的理念在职场中同样熠熠生辉，它能够帮助职场人士建立积极健康的人际关系，提升团队协作能力与领导力。

在不断的学习与实践过程中，我手中的笔逐渐变得灵动而有力。我将正面管教的方法巧妙地运用到与孩子的日常相处中，每一次沟通、每一次互动都成为我的细腻笔触。曾经叛逆倔强的孩子，在正面管教的春风吹拂下，渐渐变得开朗、自信且自律。亲子之间的关系也从曾经的紧张与对立，转化为如今的亲密无间、相互理解。这种成功的喜悦，如同墨香四溢开来，不仅弥漫在我与家人之间，也感染了身边的朋友。我开始迫不及待地与他们分享我的育儿经验，用我的笔，将正面管教的美好传递给更多在育儿困境中挣扎的父母。

03
贤贤教育起航：墨染教育宏图

随着对正面管教理解的日益加深，我心中涌起一股更为宏大的使命感。我深知，正面管教的光芒不应局限于我个人的家庭与朋友圈子，它应该照亮更多的家庭，为更多孩子的成长之路画上温暖的底色。于是，在梦想与信念的驱使下，我毅然创立了贤贤教育。

贤贤教育，以正面管教为核心画笔，旨在勾勒出一幅宏伟壮丽的教育蓝图。我们致力于赋能教育者，无论是家长、教师，还是其他教育工作者，帮助他们掌握正面管教的方法，成为孩子成长道路上的引路人。我们期望培育出的，不仅仅是学业有成的学子，更是具有全面社会技能和人生智慧的"贤人"。在这个阶段，写作成为我与外界沟通的重要桥梁。我通过撰写公众号文章，用生动的文字、真实的案例，将正面管教的理念深入浅出地传递给广大读者。每一篇文案,都像是一颗播撒在教育田野里的种子,蕴含着希望与力量,在读者心中生根发芽。

04
跨界赋能之笔:书写多元篇章

在贤贤教育的发展进程中,我逐渐意识到,正面管教的能量不应局限于教育领域,它可以跨越行业的边界,为各行各业注入新的活力与生机。**于是,一次跨界赋能的创新之旅就此拉开帷幕。**

以教培机构为例,我们运用正面管教的理念与方法,为老师们提供了一套全新的课堂管理工具。在传统的教培模式中,老师们往往面临着学生注意力不集中、课堂纪律难以维持等诸多难题。而正面管教的课堂管理技巧,如相互尊重、有效沟通、建立合作等,让老师们手中多了一把神奇的钥匙。他们能够更加轻松地激发学生的学习积极性,营造出一个积极向上、充满活力的课堂氛围。同时,我们还为家长们提供了一系列家庭教育课程,让家长们在家中也能实现课堂上的教育效果,实现家校共育的无缝对接。通过这样的合作,教培机构的教学质量得到了显著提升,学生的满意度和留存率大幅提高,机构声名远扬,入校学生源源不断。

某茶室空间很大,茶室的茶香终年缭绕,往来茶客却日渐稀疏,且受快节奏生活与新兴饮品的冲击,经营愈发艰难。经我们构思举办融合传统家教文化与心灵修养的雅集活动后,茶客被重新吸引前来。共同举办以茶为媒的亲子茶礼课程、家庭沟通课程、情绪管理课程等,逐步加深了茶室与茶客的连接。不仅让茶客在品茗中感悟生活智慧，也助力茶室拓展经营维度，实现破局发展，在茶文化传承与商业运营的道路上稳步前行，重焕生机与活力。

某品牌服装店，同样在正面管教的赋能下焕发出新的光彩。我们为该服装店增加了教育属性，例如举办亲子时尚搭配讲座、青少年形象礼仪培训等活动，这些活动不仅让顾客在购物的同时获得了额外的价值体验，更增强了顾客与品牌之间的情感连接。顾客们不再仅仅是因为服装的款式与质量而选择这家店，更是因为在这里，他们能够感受到一种独特的文化与关怀。该服装店的客户黏性显著增强，老顾客带来新顾客，门店的发展蒸蒸日上。

在跨界商业合作领域，我精心撰写商业计划与文案，为客户企业注入活力，使其在商海熠熠生辉，收获颇丰。

05
共筑教育生态：绘就未来盛景

在我看来，教育与商业并非相互对立的两极，而是相辅相成、相互促进的有机整体。

想象一下，在未来的社会中，每一个企业都成为教育的传播者，每一个商业场所都有学习的殿堂。商场里，除了琳琅满目的商品，还有与商品相关的各种亲子教育工作坊、职业技能培训课堂；餐厅中，顾客在品尝美食的前后，能够聆听一场关于饮食文化与健康生活的讲座；酒店里，商务旅行者在休息之余，可以参加领导力提升、团队协作的培训活动。而这一切，都离不开教育与商业运营的创新融合。

贤贤教育在其中扮演着桥梁与纽带的角色,我们用正面管教的理念为商业注入人文关怀与教育价值,让商业活动不再仅仅追逐利益,更能传递人类智慧与情感。我们通过与百业的合作,共同构建起一个庞大而又充满活力的教育生态系统。在这个系统中,孩子们在家庭、学校、商业场所等各个角落,都能受到正面管教的滋养,茁壮成长为具有社会责任感、创新精神、合作能力强的全面发展的"贤人";家长们能够在各种活动中不断学习和提升自己的家庭教育水平,更好地陪伴孩子成长;企业则在为社会创造经济价值的同时,也为教育事业贡献出自己的力量,实现经济效益与社会效益的双赢。

我,作为这一切的推动者与写作者,用手中的笔记录下每一个创新的瞬间、每一次合作的成果。我希望通过我的故事,能够激发出更多读者对正面管教的兴趣,感召更多志同道合的朋友与我们携手共进。无论是希望为自己的企业寻找新的增长点与社会价值的企业家、渴望在教育领域探索更多创新的可能性的教育工作者,还是想要为孩子创造更好的成长环境的家长,我都期待与你们相遇、相识、相知,共同在这片教育与商业融合的广阔蓝天下,书写孩子未来的辉煌篇章。

让我们以笔为帆,以梦为马,在教育与商业的浩瀚海洋中破浪前行,共同绘就一幅精美绝伦的未来盛景。

我将正面管教的方法巧妙地运用到与孩子的日常相处中，每一次沟通、每一次互动都成为我的细腻笔触。

用文字探索心灵，

用成长成就彼此

大卫飞思

国家认证心理咨询师
心理学传播专家
坚持在喜马拉雅每日更新两年半

01
不是天生喜欢

我从小不喜欢写作,觉得它困难重重。小时候上语文课时,作文仿佛一道难以逾越的鸿沟,我常常感到大脑一片空白。那时的我,只能勉强完成老师布置的作业,甚至不知道自己是如何熬过来的。

然而,随着年龄的增长,我的写作能力逐渐提高,对写作的畏惧感也慢慢消散。成年后,我甚至开始喜欢上了写作。

喜欢写作的原因之一是它让我觉得很有成就感,甚至有些神秘与高贵。 看到有人能出版自己的作品时,我觉得这是一件令人钦佩的事。我有一个心愿,便是成为一名作家,出版一本属于自己的书。关于书的主题,我毫不犹豫地选择心智成长,因为我认为这对每个人来说都至关重要。

无论我们追求的是财富、自由还是经历,归根结底都与内心的满足感有关。心灵的充实、格局的扩大以及视野的拓宽,这些指向一个共同目标:让自己更加愉悦、更加舒适。

写作对我来说,不仅仅是功利性的手段,如获得名利或证明自己能力的手段,更是心智成长的一部分。它是与内心对话、与自己达成和解的桥梁。我逐渐认识到,我们不应仅仅期待结果,而应享受过程。这样一来,无论结果如何,过程本身就能带来收获。

02
从灵感到行动

我的写作经验告诉我,灵感稍纵即逝,必须抓住它并及时记录。不止一次,我抓住灵感并保持专注状态,写出了让我自己感觉很满意、很有成就感的文章,可能只有一两千字,但写作过程耗费了两三个小时。这种灵感驱动的写作虽并不常见,可遇不可求,但其结果令人欣喜。

2019年初,我下定决心每天用语音输出10分钟的内容,并将其转化为文字,发表在简书上。我开始了每日更新的旅程:每天用喜马拉雅平台录音,然后转化为文字,发布在平台上。这一坚持就是两年零三个月。我累积了750多个原创音频,并转化为超过100万字的文字内容。这段经历不仅让我对写作更有自信,也提升了我的表达能力。

通过语音转文字与语音输入法,我的写作效率大幅提高。一方面,语音输入法本身就比传统输入法快;另一方面,语音输入很快,思想可以如天马行空,畅快淋漓地表达出来,当然效率就能有极大的提升。

这段经历让我深刻体会到,要想长期坚持一件事,就必须降低行动的阻力。我没有对自己设定过高的要求,每天只需表达真实的感受或记录当天的所学,时长仅10分钟。这种方式既轻松又高效,我坚持了很长时间。如果我愿意,可以一直坚持下去。

03 写作的多重益处

写作不仅是一种个人表达的方式,也是一种传播价值的途径。当你通过文字与他人分享你的观点、经验或感受时,你正在为他们打开新的视角。每一篇文章都有可能成为某个人人生中的一个转折点,或者某个阶段的一盏明灯。

此外,写作还能增强我们的逻辑思维能力。当我们用文字表达时,往往需要将零散的想法组织起来,形成一个完整的结构。这个过程不仅让我们更加清晰地了解自己的内心,也让我们在与他人沟通时更加有效和有力。

写作还是一个自我疗愈的过程。通过书写,我们可以将内心的情绪释放出来,特别是在面对压力或困惑时。

04 写作的意义与未来行动

写作是记录生活和成长的重要方式,它让我能够回顾过往,汲取灵感,同时为未来积累素材。我的经验表明,灵感和想法如果不及时记录下来,大概率很快会被遗忘。写作的过程不仅仅是记录,更是一种思考的延伸。正如书法需要练习,写作同样需要长期的坚持与积累。

我正计划通过重新开启语音和文字输出的习惯,记录我的生活与成长,同时分享我的经验。这不仅是对自我的一种肯定,更是对听众和读者的一种回馈。我希望将自己的体会传递给更多人,同时为未来出版自己的书奠定基础。

写作还能帮助我理清思路,探索内心。 有时我们有情绪或感受,如果不写下来或不与人倾诉,就只能停留在情绪阶段;如果通过语言讲出来或通过文字记录下来,就必然会经历将情绪、感受转化为想法,再把想法转化为文字的过程。这一过程能让我们的思路更加清晰,更加深入地体会内心。随着写作的深入,我能够触及内心深处的想法。那些有价值的想法可以迁移到生活的其他领域,而限制性的观念则可以在意识的浮现中被瓦解。

05 你也可以

作为写作者,我希望我的故事能激励更多的人行动起来。你也许会问:"写作适合我吗?"答案是肯定的。无论你是用文字记录生活点滴,还是表达内心深处的情感,写作都会成为你的陪伴者,为你带来心灵的慰藉。

如果你从未尝试过写作,不妨从今天开始。哪怕只是写几句话,记录一个瞬间,也会成为未来回忆时的珍贵片段。不要担心自己写得不够好,没有人天生是作家,作家也是从写得不够好的阶段走过来的。与其担心,不如祝贺自己正处于作家的初步阶段。能否成为合格的作者或出版自己的著作,成为名副其实的作家,最关键的是看能否开始行动。目标纵有万难,行动可治百病。

同时，我建议你为自己设定一个简单的目标，比如每天写100字或每周完成一篇3000字的文章。目标简单，更容易促成正反馈循环。当内在的原始动力快要消耗殆尽时，完成简单目标所带来的小小成就感刚好能及时续上动力。如此循环反复，写作能力提升很快。让写作成为一种习惯和生活的一部分，慢慢地，你会发现写作不仅是一种记录方式，更是一种探索、成长和表达的方式。

06
我是写作者

"我是写作者。"这不仅是一句陈述句，更是一种肯定与提醒。**我通过写作不断成长，也在写作中发现了更好的自己。**这是一段属于我的旅程，也是一份献给未来的礼物。

我邀请你与我一同踏上这条写作之路。让我们用文字记录生活，探索内心，构建属于自己的精神世界。写作，不仅能成就自己，也能为这个世界带来更多美好的可能性。

写作对我来说，不仅仅是功利性的手段，如获得名利或证明自己能力的手段，更是心智成长的一部分。

带着音乐旅行
的生命体验者

韩 颖

记者
心理疗愈旅行定制师
带着音乐旅行的生命体验者

谁不是生而平凡？
谁的平凡不值得记录？
谁的平凡不值得歌颂？

01
海阔凭鱼跃，天高任鸟飞

记者、电台节目主持人、旅行定制师、心理咨询师、五感表达艺术疗愈讲师，多重身份重塑了一位山村姑娘的模样。**如今，她是一位带着音乐旅行的生命体验者，是践行印度诗人泰戈尔"生命影响生命"理念的实证者，是坚信"一人心灯起，万家心灯亮"的点灯人。**

17 年的媒体工作是一次充满激情与挑战的漫长旅程。每月编辑采写 20 篇直播稿子，推荐播出 200 首音乐作品。17 年来，共书写了 4080 篇直播稿件，推荐播出 40800 首音乐作品。每一篇直播稿件都像精心雕琢的璀璨宝石、用心编织的绚丽画卷，每一首悉心筛选的音乐作品如耀眼的星光，照亮所有听者的心灵之路。在逐梦的日子里，为了一个音乐片段的剪辑而反复琢磨，为了一篇稿件的完美呈现而挑灯夜战，她仿佛一位与黑夜抗争的勇士，多次荣获内蒙古广播影视节目奖、全国广播音乐 DJ 优秀主持人奖。可勇士也会遇见挑战，在从业的第 11 个年头，事业进入瓶颈期，多次求变失败，陷入深度的自我怀疑与严重的精神内耗，整个人如热锅上的蚂蚁，极度迷茫，最后大病一场，在 30 多岁的年纪，下床都需要家人搀扶。在病中，她开始深度思考：问题究竟出在哪里？未来该怎么办？身体逐渐恢复后,她决定换个活法——从充满风花雪月的电台直播间的浪漫世界走进充满酸甜苦辣的寻常百姓家的真实生活,在偏僻的乡村与朴实的百姓促膝长谈,走访乡野人家,感受他们的喜怒哀乐,用声音、文字、短视频作品传递普通人的希望与梦想。

如今,她寻访了内蒙古自治区赤峰市的十二旗县区,足迹遍布全国三十多座城市,<mark>用心倾听着每一个地方的声音,感受着每一片土地的温度,像一只不知疲倦的飞鸟,在广阔的天空中奋力翱翔。</mark>

02

希望的种子,开出生命的烟花

1987年,在一个刮着西北风、飘着雪花的冬日夜晚,一位产妇正在面临难产的危机,经过痛苦的两天,羊水流干,最后靠催产针产下一名女婴。这名女婴以双腿跪地的姿势平安落地,至此她的人生之旅拉开了序幕。没有想到,她刚刚出生就迎来了人生大考——生死关。

因为家里过于贫穷,寒冬腊月,刚刚生产完的虚弱的母亲向同行人借了一件羊皮袄,紧紧地裹住了孩子小小的身体,母女二人坐着父亲借来的驴车,翻山越岭,颠簸着回到位于猴头沟的家里。天寒地冻,任凭怎么裹紧羊皮袄,也难抵刺骨的寒风。回家后,出生时还白白嫩嫩的新生儿已经变得全身青紫,母亲一度以为她已经被冻死了,哪知女婴命不该绝,在家人拍打之后,终于发出了让人惊喜的哭声。

正是这样曲折的经历让她从小便格外地珍视和敬畏生命。万物有灵,生命可贵,一定要好好活着。

03
任它东西南北风,一心只为爱发声

写作是她生命中不可或缺的表达方式。她性格内向,不善言谈,是写作排解了她内心积压的愤懑;她胸有大志,独自负重前行,是写作给了她心灵静谧的栖息地;她想成为主持人,却遭到质疑,是写作带她拨开迷雾,看见心之所向。

这里一定要提及三个人,是她们成就了一个造梦者,才有好故事可以说。

第一个人是中央人民广播电台夜间节目《星星夜谈》的主持人青音。

高中三年,学业压力很大,她常常因倾尽所能,但考试成绩没能如己所愿而以泪洗面,失眠成了家常便饭。在每一个难以入睡的深夜,是青音用温柔的声音、善解人意的话语引她入梦。在每一次陷入迷茫,不知如何应对繁重的课业负担,无处释放积压的负面情绪的时候,是《星星夜谈》提供了一个"树洞",可以倾吐心声,让她在毕业的人生转角坚定地选择不退缩、向前进。

2007年,走过10年逐梦之旅,她终于如青音一样,成为一名可以用声音温暖他人的电台节目主持人,借由文字和音乐的力量传达、记录更多人的心声和故事。从赤峰交通广播《音乐加油站》《草原歌声》《私房MUSIC》到如今的《带着音乐去旅行》节目,陪着一批批人长大:有青春期的学生、压力很大的中年人、独居老人、离异独自带娃的单身男女……其中一位离异、带着两个孩子艰难生活的男士在默默收听节目三年后的某一天,突然留言:"小韩,如果不是偶然听到你的节目,我不知道自己的人生会走向何方。如今我已经走出了离婚的阴霾,找到了热爱的培育葡萄秧苗的事业,姑娘的病也进入恢复期,如今她还成了班里的尖子生,儿子也特别的活泼可爱。现在,我就想好好孝养双亲,陪着孩子们长大。"他活成了自己世界里的明灯,不仅照亮了自己,还为家人点亮了心灯,照亮了孩子和老人两代人的前行路。

泰戈尔说:"把自己活成一束光,因为你不知道谁会借着你的光走出黑暗。"

第二个人是她的母亲。她的母亲是 20 世纪 60 年代生人,在幼年丧母、失学的双重打压下,她毅然扛起了教养弟妹、养家糊口的重担,失去了童年,换来了穷人孩子早当家的人生阅历。自力更生的童年经历造就了她自尊心强、固执、要强的个性,她总说:"做人不争馒头争口气。"单靠着这一口气,她白手起家,吞下生活给予的诸多委屈,拖着一身病痛,换来了别人眼中体面的生活。

她眼中的母亲是个"可爱的笨女人",而母亲眼中的她则活成了周杰伦歌里"听妈妈的话,别让她受伤"的好孩子。作为她人生之旅的指引者,母亲曾用自己人生路上的"谜团",引领她一起去寻找成为拥有独立人格女性的方法。

谜团一:为什么母亲爱别人永远胜过爱自己,恨不得把自己最后一滴血都拿来给别人。

谜团二:在什么样的情境下,母亲选择了现在的婚姻。

谜团三:对于母亲这个角色,她为什么总是心口不一?做的永远比说的更多,是什么样的良苦用心?还是有难言之隐?

谜团四:对于女人这个角色,母亲为什么只练就了一身如男子般的硬朗气概,却偏偏缺少女子该有的柔静之美?

谜团五：到了耄耋之年，余下的光阴怎么安排、怎么活，才算不枉此生？

带着这五大人生谜团，也带着母亲的殷殷期盼，她去全国各地寻找答案。本着"终身成长，反求诸己"的人生信条，带着"关系"课题，打破家族桎梏的责任拜师中德家庭系统治疗唐登华团队、1879项目徐西森团队、意象对话朱建军团队、五感艺术表达舞动疗愈青音团队。多方求学后，最终在与母亲一次次深度交谈、共同探讨后找到了谜团的答案，那就是"爱"。

将以前披着以爱之名的华丽外衣、实为交换索取的心收回来，将爱提纯，照见自己，先悦己再爱人。成长是一辈子的事情，做自己的第一负责人，永远为自己负责。

第三个人是永葆赤子之心的自己。

歌手陈奕迅的音乐作品《孤勇者》里有一句歌词："人只有不完美，值得歌颂。谁说污泥满身的不算英雄。"是过去的经历让她放下了必须完美、一定要活成传统意义上的英雄的执念，不再固执地拿自己的道德标准评判任何人，将人生路上的事故都活成了故事。人生无对错，只是角度不同。清楚自己力量的上限，知道自己也会有做不到的事。踏踏实实地做好每一件小事，温温柔柔地同父母聊聊陈年往事，认认真真地吃好饭、睡好觉。

接受人都会变的事实，用世人能够接受的方式，唤醒每个人深藏在内心的真、善、美。

04
苦难中开出花,化作春泥更护花

如今,人生过半,我站在观察者的角度,以第三人称回顾前半生的来时路,不得不说做自己是一件很厉害的事情,却不是一件容易的事情。在成为自己的路上,学会珍惜,知道感恩,坚持学习,永远好奇,开放真诚,增强耐力,沉稳包容,保持觉察。经年累月,周而复始,重复再重复,螺旋式成长。

我是韩颖,一个带着音乐旅行的生命体验者。谢谢你花时间读我的故事,相信当你收回羡慕别人的目光,学会祛魅,你一定可以成为设计自己人生之路的科学家,打造成就自己的方法论!

如果你想快速获取这种能力,请勇敢地拿起笔,走上写作之路,先成为自己,再成就自己,持续发声。

接受人都会变的事实，用世人能够接受的方式，唤醒每个人深藏在内心的真、善、美。

我是一名写作者

红 英

畅销书作家
亲子阅读教练
高级儿童阅读指导师

在人生的众多角色中，最让我自豪的，就是拿起笔字字斟酌的作家身份。

我是"70后"，出身农村，通过读书考上大学，改变命运，端上"铁饭碗"。二十世纪六七十年代出生的人都清楚，我们这代人考上大学多不容易。为了不再吃生活的苦，为了能吃上白面馒头，我努力学习。那个年代，我学习的目的就是这么简单。

大学毕业后，我留在城市，端上了"铁饭碗"，每个月有固定工资和福利。我发自内心地相信，学习是我们普通人改变命运最好的方式。

有了女儿后，我特别注重培养孩子读书的习惯，对孩子的学习很重视，每天陪她读书，引导她读好书。女儿的学习成绩非常优异，博览群书，文采出众，出口成章。她一路过关斩将，直到考上一所"985"名校的博士。我也以身作则，不断学习提升，一路考取注册会计师、一级建造师、造价工程师、消防工程师等十多个国家执业资格证书，在单位升职加薪。

我和女儿都是读书写作的受益者。我的心里有一颗推广阅读、写作的种子。从童年的探索好奇，到青年的梦想成真，直到现在我用文字搭起桥梁，连接着更多的心灵。

写作，不仅是我热爱的事业，更是我生命中不可或缺的一部分。每当我的笔尖流淌出文字，我就感到无比的安心和振奋，因为我知道，这些文字将触动读者的心灵，传递情感与思想的力量。

困住一个人的从来不是年龄。只要你开始行动，就超过90%原地观望的人。

写作，就是我与世界交手的方式。每一次敲击键盘，都是我与自己和读者的心灵在对话。

01
缘起：书香中的萌芽

故事的起源，可以追溯到那些宁静的午后时光。阳光透过窗棂，斑驳地洒在那些泛黄的书页上。自幼时起，我就对书籍怀有一种难以言表的热爱，它们仿佛是通往未知世界的神秘钥匙，每一次翻阅书籍都是一次奇妙的心灵旅行。

在那些充满魔力的故事中，我学会了感受悲欢离合的情感，体会人间百态的复杂。更重要的是，在这些故事的熏陶下，我心中悄然种下了一颗热爱写作的种子。每当读完一本令我心动的好书，心中便涌现出一股强烈的冲动，想要用自己的文字去写下读后的感受和思考。于是，我拿起笔，轻轻地触碰着纸张，我的写作之旅就在这样的静谧午后悄然启程。

在那些书页的陪伴下，我逐渐学会了如何用文字去描绘心中的世界，如何去写出一个个鲜活的故事。书籍不仅丰富了我的精神世界，更让我找到了一种表达自我的方式。**每当我书写时，仿佛与那些伟大的作家进行了一次跨越时空的对话，他们的智慧和情感通过文字传递给我，让我在写作的道路上不断前行。**

书籍是塑造心灵的工具，为生活注入智慧。而我，正是在书香的滋养下，让心灵的花园绽放出最美丽的花朵。

02
成长：梦想在现实中绽放光芒

文字，是灵魂的低语，是时间的印记，它们在岁月的长河中静静流淌，等待着与每一个渴望产生共鸣的心灵相遇。

随着时间的流逝，我对写作的热爱不但未曾消退，反而随着年龄的增长而愈发强烈。无数个夜晚，我在灯光下敲击着键盘，将心中的思绪化作文字，那些关于成长、学习和梦想的片段逐渐汇聚成了一本书的雏形。经过无数次的思考、修改和打磨，我的第一本书《读出学习力：高分孩子的阅读课》终于面世了。这本书一经推出，便迅速成为当当网四个榜单的第一名，取得了令人瞩目的成绩。

这本书不仅仅是我对阅读与学习方法的总结和提炼，更是我对童年那个纯真梦想的深情致敬。它承载着我对教育的热爱和培养孩子阅读习惯的美好愿景。在我的影响下，我的女儿从小就爱上了读书、写作，她的作文经常被老师作为范文在班级里传阅，这让我感到无比的欣慰和自豪。

书籍，是智慧的灯塔，照亮前行的道路；文字，则是那灯塔中的光，温暖而明亮。 书的出版让我深刻体会到，文字的力量是如此强大，它能够跨越时空的界限，触动人们的心灵，甚至改变一些孩子的阅读习惯和学习轨迹。

每当我收到读者的留言，说自己的孩子因为这本书而爱上了阅读，或者因为这本书而取得了学习上的进步时，我的心中就充满了无尽的满足和喜悦。这一切都让我更加坚信，写作不仅仅是一种表达方式，更是一种责任，一种能够影响和改变他人的力量。

03
影响：播撒阅读的种子，收获知识的果实

文字如种，阅读若耕，以笔为犁，播撒智慧的种子，静待知识的花开。令人欣慰的是，我的书在不经意间，成为一颗颗播撒在阅读土壤中的种子。这些种子在阅读的土壤中生根发芽，茁壮成长。

许多家长和孩子因为《读出学习力》这本书而开始重视阅读，孩子在书中找到了学习的乐趣，甚至有的小读者因此爱上了写作，这让我深感荣幸与责任重大。每当看到孩子们因为阅读而获得知识，因为写作而表达自我，我都会感到无比的满足和欣慰。

随后，我有幸成为畅销书《金句之书》和《读点金句》的荐书官，而我的女儿雅伟也成为畅销书《读点金句》的编委会成员。这两本书汇聚了众多作者的智慧结晶，通过精练的语言，激发读者的思考与灵感。

参与其中的过程让我更加坚信,写作的意义不仅在于个人的表达与成长,更在于能够启发他人,传递正能量。每当我看到读者因为阅读这些书而获得新的灵感,产生新的思考,获得新的成长,我都会感到无比的自豪和满足。

阅读是心灵的灯塔,照亮前行的路;写作是灵魂的翅膀,让我们飞得更高更远。

我相信,阅读和写作的力量是无穷的。 它们能够改变一个人的思想,改变一个人的命运。我是阅读、写作的受益者,我希望通过我的书,能够让更多的人爱上阅读,爱上写作,让知识的种子在更多人的心中生根发芽,最终收获知识的果实。

04

写作之益:灵魂的滋养与成长

笔墨之下,藏着世界的万千色彩;文字之间,流淌着生命的不息河流。写作,是生命最绚烂的绽放,也是灵魂最深处的滋养。

在回顾过去的岁月时,我深刻地感受到,写作给予我的不仅仅是名声与成就那么简单,它更像我心灵的避风港湾,在这个纷繁复杂的世界中,为我提供了一片宁静的栖息之地。每当我在键盘上敲击出一个个文字时,我仿佛在与自己的心灵对话,寻找内心的平静与安宁。

写作不仅是一面自我反思的镜子,更是一面放大镜,让我在文字中清晰地看到自己的优点与不足,从而不断自我完善,实现心灵的成长。写作还是一架桥梁,连接着我和无数的灵魂。每当我发表一篇文章时,就像是在茫茫人海中与读者相遇,共同分享思想的盛宴。

在这个过程中,我不仅能够感受到读者的共鸣,还能从他们的反馈中汲取新的灵感与力量。写作教会了我坚持,让我在孤独的创作过程中学会了如何在寂静中寻找灵感,在挫败与迷茫中重拾信心,继续前行。

写作之路,虽长且艰,但每一步都踏着心灵的节拍,每一声回响都是对生命最真挚的赞叹。

每一次提笔,都是一次对未知世界的勇敢探索;每一次作品的出版,都是一次对梦想的执着追求。我愿意继续在这条充满挑战与希望的道路上前行,用我的文字点亮更多心灵,让爱与智慧在字里行间流淌,温暖并影响每一个渴望成长的写作者。

因为,我是一名写作者,这是我一生的骄傲与使命。

写作，就是我与世界交手的方式。每一次敲击键盘，都是我与自己和读者的心灵在对话。

38岁裸辞，从月薪3000元的小编辑到百万发售文案操盘手——用发售文案撬动人生

大　双

私域营销增长顾问
百万发售操盘手
"乾坤五行"超级变现循环系统著作权人

你有 35 岁危机吗？35 岁之前，我是一名学历一般、在一个四线小城市的普通职场打工人，做着网站运营、编辑的工作，但是拿着前台文员的工资。每天还战战兢兢，居安思危，总觉得没有核心竞争力，没有自我价值，总觉得离开工作单位，尤其 35 岁以后就再也找不到工作，没有人要了。迷迷茫茫，没有人生规划，没有前途，常常在下班回家、坐在车里时莫名其妙地号啕大哭。

从 14 年前工作起，迄今为止，我连续发了 9 年朋友圈，每日发原创朋友圈文案不少于 3 条，累计发布原创图文 3 万余条。我从来没有想过，发朋友圈、写文案竟然是一项很值钱的技能，它让 38 岁的我重新绽放生命光彩。我不仅果断从职场离职，并且在离职后 8 个月就开了自己的首次高能线下课，累计 1300 多人听过我的分享。**我用文案、发朋友圈的技能帮助别人在线上成长、变现，获得业绩增长，照亮别人！**

回顾以前，我生活在一个四线城市，只有普通学历，是两个孩子的妈妈，做着编辑、摄影、设计工作，但是拿着前台文员的工资，从来不会为自己争取任何利益。任劳任怨、勤勤恳恳地上班，积极主动地为领导排忧解难，却依然战战兢兢，总觉得自己没有核心能力，内心充满恐惧，总觉得自己会被单位辞退，尤其在 35 岁以后，会成为没有人要的职场妈妈。总之，自卑自艾是我前半生的关键词。

从新闻学专科毕业后，我参加了山东大学新闻与传播学本科自学考试，毕业后就做报纸编辑、网站编辑。从工作后的第二个月起，我就自我成长，寻找事业第二曲线，链接新华网、腾讯网、人民网等，做危机公关编辑。我做过旅游网站、美食网站编辑，6 年汽车网站编辑，6 年体制内政务新媒体运营编辑，14 年网站编辑、运营人员的经验以及 9 年私域营销的实战经验让我在实战中练就了审美力、成交力、商业力……

但这些实战经验和能力,在 35 岁之前,我视而不见,常常处在负面情绪里,看不到未来和希望,不认可自我价值。我曾多次归因于在原生家庭不被重视、不被爱,陷入自我批判里,直到看到以下这段话。

我的高价 IP 导师发过一条朋友圈,她说:"我是典型的目的论支持者,而非归因论支持者。心理学派系很多,总有人告诉我,他之所以不幸、不自信,是因为原生家庭有问题,所以要疗愈。大多数时候,我会告诉对方:'你就是做事做少了,别让原生家庭背锅,你的当下与你的过去其实无关,那些只是你不想面对未来所找的借口罢了。'阿德勒心理学的逻辑是:精神创伤并不存在,否则,人一辈子都不可能变得更好,而且归因论很容易让你止步不前。毕竟,过去都已经过去了,深挖什么?让自己痛死吗?"

读完这段话,我豁然开朗,原来不自信、觉得自己不行、害怕和止步不前都是在自我设限,都是陷入了归因论。

2022 年,我从传统卖货微商转型做知识付费,在朋友圈以美学导师入局,用美学思维、文案营销思维助力多位学员个人成长;用发售文案助力家庭教育赛道;用私域营销经验赋能瑜伽实体店、服装实体店、餐饮品牌店在私域获得业绩增长,成为 1300 多名学员的私域高级营销教练、百万发售文案操盘手;作为编委会成员、推荐官,在半年时间里参与出版了 3 本畅销书。

离职 8 个月后,我开设了自己的首场高能线下课,从不懂定位、不懂产品设计、不懂批量成交、不懂销售转换逻辑,到有了一定的商业思维、定位思维、发售成交思维,我经历了诸多低谷,明白了:**出来混,得先出来,没定位,就先开干。**

从"小白"到用 8 个月的时间落地,拿到了一点小成绩,是因为我看到了这句话:"从古至今,只有 4 种方式能让你暴富。①做事:结果永远不会说谎。

②登台:找到你的观众。③谋人:圈子决定命运。④谋局:找准生态位。"

01 做事

《礼记·儒行》有言:"儒有博学而不穷,笃行而不倦。"尤其在知识付费赛道上,出去上课、学习的人很多,但如果只是不停地学习,没有笃行,就没有改变。没有改变,就没有结果,很容易就学习疲倦了。所以,我不管是自己学习还是教学员,都以行动论英雄。这才有了带学员实战交付,给学员分钱的学习、落地、拿结果的模型。学员评价我:"知行信合一,学思用贯通。"

我离职后,在 8 个月的时间里做了 9 场实战发售活动,学习了 5 门课程,做了至少 6 次复盘拆解会。要知道,每一次学习之后的落地拆解,才是最重要的行动指令,也是下一场活动的事件引爆点。

02 登台

做事可以是助人做事,但登台要自己唱戏。

用到我现在所处的发售文案赛道，我可以去帮助 IP 写宣发文案，帮助他们获得成功，还要敢于自己落地做一场发售，宣传自己，把自己"销售"出去，"卖"出去。

我在转型做知识付费后，在一次次的登台"卖"自己的过程中，迭代更新了至少四次定位，从朋友圈美学导师到小红书美学引流变现导师，再到高价朋友圈变现导师，直至迭代为入局的百万发售文案变现教练、百万发售文案操盘手。这也正应了那句话："**没有人的定位是一成不变的，尤其个人品牌的定位，它是在一次次做事和登台的过程中挖掘、沉淀出来的。**"

03
谋人

从 2022 年走上知识付费赛道开始，我深知，在自己还默默无闻的时候，要学会借力借势，找对的人学经验，减少摸索的时间，所以，我多次付费找好的老师学习，见世面，破圈子，长知识，在事上练。

我多次凌晨 2 点从我所在的四线城市的机场坐上飞往深圳的飞机，早上 6 点到了酒店，休息 2 个小时后直接到会场上课，一上就是 20 个小时；我多次为了省钱，找没有窗户的百元小旅馆，坐 24 小时的长途火车；在从北京回家的火车上，因为对当下结果不满意和对未来的路感到迷茫，我悄悄擦几把眼泪，继续学习、落地、实战，终于被老师看见，被老师托举，被推荐进项目，被带着拿到一些成果。

04
谋局

谋局如同下棋,须步步为营。高瞻远瞩,方能洞察先机。通俗地讲:钱不是赚来的,而是谋来的;赚钱是一时的,而值钱才是一世的。

战略大于战术,格局决定成败,认知掌控财富。

做事只能赚钱,做局才能值钱。不要因小失大,不要陷在我执里面,看不到商业新局面、新大陆,只知道低头看路,却不知道天色已变,比如线上创业做私域。

2024年,经济形势风云变幻。在不确定的时代,让确定的自己去面对起起伏伏。

我在过往8个月的知识付费赛道沉淀实战中,找到了自己的细分定位:发售文案,助力"小白"掌握这个真技能,落地变现,生根发芽;助力老板、IP用文案力突破自我,乘风破浪。

我是写作者,用发售文案力打造个人品牌,不仅仅是一个标签,更是自我成长的见证。写作是我与世界对话的方式,更是我撬动人生的有力杠杆。

我是写作者，用发售文案力打造个人品牌，不仅仅是一个标签，更是自我成长的见证。写作是我与世界对话的方式，更是我撬动人生的有力杠杆。

探寻保险企业家的写作意义

郑 钱

CPP认证养老规划师
全国首批IFA独立理财顾问
高级重疾风险管理师

在这个信息爆炸的时代,写作已经成为一种独特的表达方式、一种与世界对话的工具。作为一名保险企业家,我深知写作不仅仅是一种记录方式,更是一次自我探索的旅程。

写作,让我有机会将复杂的商业逻辑转化为通俗易懂的文字,让更多人理解保险的价值与意义。每一次提笔,都是对自己职业生涯的深度反思,也是对行业未来的展望。通过文字,我不仅分享了自己的创业历程,还探讨了保险行业在社会中的角色与责任。

作为一名企业家,我深知保险不仅仅是一种商业形式,更是一种社会责任。写作让我能够将这种责任感传递给读者,增加他们对保险行业的关注与理解。同时,写作也让我在繁忙的工作中找到了一片宁静的思考空间,帮助我更好地理清思路,提升决策的精准度。

更重要的是,写作让我与读者产生了深层次的共鸣。无论是分享成功的喜悦,还是探讨挑战的困惑,文字都成为我们之间的纽带。通过写作,我不仅表达了自己的想法,也倾听了他人的声音,这种双向的交流让我的视野更加开阔,也让我的事业更加成功。

本文不仅是一篇文章,更是一段自我探索的旅程。它让我在写作中听到了自己的声音,也让我在保险行业中找到了更深远的意义。

01

个人经历与感悟:挫折与成功激发对写作的热爱

在我的职业生涯中,写作一直是我表达自我、梳理思路的重要工具。作为一名保险企业家,我经历了无数的挑战与机遇,这些经历不仅提升了我的商业思维,也让我对写作产生了热爱。

1. 挫折:从迷茫到清晰

创业初期,我曾面临过无数的挫折,市场的竞争、客户的质疑……每一个问题都像一座大山压在心头。那段时间,我常常感到迷茫,不知道该如何前行。然而,正是这些挫折让我意识到,写作是我寻找答案的途径。通过写作,我能够将复杂的商业问题拆解,找到解决问题的方向。每一次的反思与总结,都让我更加清晰地认识到自己的目标与使命。

2. 成功:从分享到共鸣

随着事业的发展,我也经历了许多成功的时刻。每一次的突破、每一次的创新,都让我感到无比自豪。而这些成功的经验,我选择通过写作与他人分享。我发现,当我将这些经验转化为文字时,不仅能够帮助他人,也能够让自己重新审视这些经历,找到新的灵感与动力。写作让我与读者产生了深层次的共鸣,这种共鸣让我更加热爱写作。

02
《好书金句》荐书官:推荐《百岁人生》

作为《好书金句》的荐书官,我特别推荐《百岁人生》这本书。在老龄化日益加剧的今天,这本书为我们提供了一个全新的视角,帮助我们重新思考人生的规划与意义。

这本书中提到,随着医疗技术的进步,人的寿命将大大延长,百岁人生不再是遥不可及的梦想。然而,这也意味着我们需要重新规划自己的职业生涯、财务安排以及生活方式。作为一名保险企业家,我深知保险在应对老龄化时的重要性。通过阅读《百岁人生》,读者不仅能够了解老龄化社会的趋势,还能够为自己的未来做更充分的准备。

写作不仅是我表达自我的工具,更是我与世界对话的工具。无论是挫折还是成功,都让我更加热爱写作。而通过推荐《百岁人生》这本书,我希望能够让更多人了解老龄化社会的挑战与机遇,为自己的未来做好准备。

03
我如何通过写作表达自我

作为一名保险企业家,我常常需要面对客户的各种需求与挑战。保险,不仅仅是数字与合同的堆砌,更是一种对未来的承诺与守护。每当我帮助客户解决他们的难题,内心总会涌起一种难以言喻的满足感。而这种满足感,我选择用文字来记录。

写作让我能够将那些难以言表的情感转化为具体的文字,让它们在纸上流淌。每当我在深夜提笔,写下那些与客户之间的故事,我仿佛能够再次感受到当时的温暖与感动。文字让我能够将内心的喜悦、担忧、希望与感恩一一呈现,让它们不再只是停留在心底的模糊感受,而是成为可以被分享、被理解的情感。

通过写作,我不仅能够表达自己,还能够更好地理解自己。每当我回顾自己写下的文字,我总能从中发现一些自己未曾察觉的内心变化。写作让我明白,真正的自我表达,不仅仅是对外的倾诉,更是对内的探索与反思。

04
写作如何帮助我与他人建立联系

写作不仅仅是我与自己对话的方式,更是我与他人建立情感联系的桥梁。每当我将那些与客户之间的故事写成文章,分享给更多的人,我总能感受到一种奇妙的共鸣。那些文字,仿佛有了生命,能够跨越时空,触动他人的心灵。

有一次,我写了一位客户的故事。这位客户在经历了人生的低谷后,通过保险的帮助重新站了起来。我在文章中详细记录了她的经历以及她对未来的希望。文章发布后,我收到了许多粉丝的留言,他们纷纷表示自己被这个故事深深打动,甚至有人因此重新审视了自己对保险的看法。

这种通过文字建立的情感联系,让我深刻体会到写作的力量。它不仅仅是一种表达,更是一种传递,一种将温暖与希望传递给他人的方式。通过写作,我不仅能够与客户建立起深厚的情感联系,还能够与更多的读者产生共鸣,让他们感受到保险背后的温暖与力量。

05 案例

在我的职业生涯中,有许多客户的故事让我难以忘怀。其中有一位客户,名叫李先生,他的故事让我深刻体会到了保险的意义,也让我更加坚定了通过写作记录这些故事的决心。

李先生是一位中年企业家,事业有成,家庭幸福。然而,一次突如其来的疾病让他陷入了人生的低谷。在病痛的折磨下,他不仅失去了健康,还面临巨大的经济压力。就在他感到绝望的时候,我为他提供的保险方案发挥了作用,帮助他渡过了难关。

李先生康复后,特意找到我,表达了他的感激之情。他说:"如果没有你的帮助,我可能已经失去了一切。"那一刻,我深深感受到了保险的价值,也感受到了作为一名保险企业家的责任。

06
呼吁更多人理解保险行业

保险,常常被误解为一种冷冰冰的金融工具,但实际上,它是一种对未来的承诺与守护。作为一名保险企业家,我深知保险的意义不仅仅在于数字与合同,更在于它背后的情感与责任。

通过写作,我希望能够让更多的人理解保险的价值。保险不仅仅是困难时的雪中送炭,更是富足时的锦上添花。它是一种对未来的守护,一种对家人的承诺,一种对生活的责任。

在文章的结尾,我想引用一句名言:"文字是心灵的窗户。通过它,我们不仅能够看见自己,还能够看见他人。"写作,让我找到了与世界对话的方式,也让我找到了与他人产生共鸣的途径。我希望,通过我的文字,能够让更多的人感受到写作的力量,感受到保险的温暖,感受到生活的美好。

写作不仅是我表达自我的工具，更是我与世界对话的工具。

为表达而写

方建秋

婚姻家庭咨询师
思维导图讲师
NLP执行师

我是谁？我会遇见谁？我会成为谁？

我经常这样问自己。我有很多身份，我是一个妈妈、员工、妻子、女儿、阅读推广人、家庭教育指导师、感觉统合指导师、思维导图讲师、NLP执行师、婚姻家庭咨询师。其实，我就是我自己。

01
从绘本到成人读书会，从陪孩子到个人成长

在一次幼儿园的家长会上，老师建议我们给孩子读一些绘本。说实话，我已经很久没读过书了，但绘本相对来说比较简单，我可以过一把当老师的瘾，带着女儿一起读书、教她认字。

我在妈妈群里认识了一群爱学习的妈妈。从颜色、动作、表情、隐藏的"彩蛋"到引发孩子的思考，她们把读绘本当成一场游戏、一次演出。我才发现，原来读绘本也不简单。绘本还有疗愈的功能，一个很简单的故事，却能告诉孩子一个大道理。大人用语言无法描述清楚的，孩子一看绘本就懂。也就是从那时候起，我觉得绘本是一个宝藏。

随着孩子慢慢长大，绘本已经无法吸引我了。我开始阅读适合成人的书，厚厚的、文字特别多的书。

我读的书是我的老师推荐的。我带着问题去读书，想解决什么问题，我就读哪方面的书，一般都是家庭教育方面的、婚姻情感方面的、心理学的书。在成为咨询师以后，我读的书就更多了。

02
从读书到认知的改变、思维的转变

有人花钱买化妆品,有人花钱买贵重的衣服、包,我却愿意拿钱买书。也许是因为我对外在不那么重视,我看重的是个人的精神世界。我喜欢与书在一起,与作者进行交流。书的神奇之处在于你可以隔空与名人对话。

书会把我带去很远的地方。读书不是在欣赏文字,而是在欣赏文字传递给我们的价值。读书还会打破我们固有的认知,因为我们的限制性信念总让我们以为自己是对的,读书让我们的思想不断更新迭代。

03
从学习线上课程到转变为督导师

有一门课程叫"智慧父母十二商"。当初报这门课的时候,我的目的是想学习如何做一个好妈妈。然而,学着学着,我发现不仅要做一个好妈妈,更要做一个好妻子,成为更好的自己。这门课程,我学习了5年。从第1年迷迷糊糊的状态到第2年可以做线下交流,第3年与人分享,第4年做督导师,再到第5年成为优秀督导师。

成为督导师以后,我把别人的问题当成自己的问题来对待。我认真地倾听每一位学员的心声,仔细查看他们每一次提交的作业,帮他们解决根本问题。亲子关系不好,不是孩子不听话,也不是孩子不好教,而是父母的情绪有问题。这是很多父母都没有意识到的。夫妻矛盾,有时候并不是对方的问题,而是我们做了无效沟通。当我们真正看见问题在哪里的时候,这个问题就解决一半了。

我深深地感受到学习不仅仅是会听,不仅仅是会说,更是要会做,落实到位。你不仅要做好自己,还需要去影响身边的人。当我们能把别人教会的时候,才是真正懂了的时候。

04
从有情绪问题的妈妈到婚姻咨询师

做任何一件事情都是有动机的。我一直想做一个好妈妈,所以当女儿对我不满意的时候,我深深地怀疑自己,然后就去学习。

随着学习的深入,我发现必须要改变育儿理念。不同年龄段的孩子的需求是不一样的,妈妈的身份也是不断转变的。

有些父母愿意为孩子花钱,有些父母愿意陪孩子,还有些父母愿意为了孩子学习。有人说,育儿其实是重新养育自己的过程。我觉得一点都不假。我就是那个从育儿到育己的妈妈。

之前,我学习仅仅是想做一个好妈妈,而现在,我学习是想成为更好的自己。

我在学习的过程中,看到妈妈们有不同的创伤,有些是来自原生家庭的创伤,有些是内在"小孩"没有力量,有些是成长过程中的创伤,还有一些是夫妻相处的问题、婆媳问题。其实不管是谁,在成长的过程中总会遇到一些坎坷、挫折,这些是我们人生的一部分,帮助我们成为更好的自己。

之前的我迷茫、焦虑、痛苦、内疚、自责，然而走上学习之路以后，我发现自己慢慢地在改变。这个过程不是那么好受，而且没有人能替你承受。如果你也在经历这个至暗的时刻，请告诉自己，黎明终究会到来。

我选择疗愈自己的方式，就是寻找咨询师和看书。从觉察到不断思考，从渐悟到顿悟。有人说，久病成良医。我为什么会成为婚姻咨询师？我可以告诉你的是，因为我在婚姻中经历的痛苦太多了。谁痛苦，谁改变；谁改变，谁受益。我就是那个愿意改变并且受益的人。

现在，我可以帮助别人，这是一件值得欣慰的事。我可以帮助在婚姻中感到痛苦的女性，也可以帮助那些亲子关系不好的家庭。

05
成长不停歇

孩子一年年在长大，我们也在一年年改变。除了头发变白了，皱纹变多了，我们的心智也更成熟了，看事物的角度也发生了改变。

允许一切发生。允许自己难受，允许自己痛苦，允许自己不断突破。

我从来没想过自己能成为一个荐书官。2024年，我做到了，我不仅成为《金句之书》的荐书官，还成为《读点金句》的荐书官，认识了很多爱读书的朋友、同行，还结识了很多厉害的老师。

成长就是不停地破圈。我从原先的同学圈子、同事圈子，到后面的妈妈圈子、心理咨询师圈子、读书会圈子、婚姻咨询圈子、荐书官圈子……

不知道在2025年，我会变成一个什么样的人。你期待吗？反正我是很期待的。

读书还会打破我们固有的认知，因为我们的限制性信念总让我们以为自己是对的，读书让我们的思想不断更新迭代。

文字的力量：
跨越时空的
梦想与传承

卢蔚青

房地产项目规划与投资管理者
传承中医智慧的瑜伽教练
时间管理与形象提升顾问

我是写作者,一个怀揣梦想的航行人。这句话对我来说,或许有些新鲜,但当我称自己为"梦想家"时,便感到它无比贴切。每个人的人生都是一条奔流不息的长河,而我,正是在波涛中寻找希望的梦想家。梦想的实现,并非一蹴而就的,而是源于日常的点滴积累。正是这份对生活的热爱与对梦想的执着,推动我走上了写作之路。我坚信:生命有限,但文字却能穿越时空。我的文字,将永远存在。它们像一颗颗种子,隐藏在时光的土壤中,等待未来的某个时刻,触动某个人的心弦,带来启发或温暖。

写作,不仅是自我情感的抒发与情绪的调节方式,更是人与人之间的纽带、提升"睡后价值"和个人影响力的利器。它加速了我的自我成长,是一种精神的延续与文化的传承。写作,是我与世界沟通的方式,更是我为梦想铺就的道路。每当我将心中的思绪倾注于笔端,仿佛在与过去和未来的自己对话,也在与无数陌生人产生共鸣。文字像一座无形的桥梁,打破时间与空间的界限,连接不同的文化与心灵。通过写作,我有机会让世界了解中国文化的深邃与博大,让更多人感受到其中蕴含的力量。而文字这座心灵的桥梁,让我们的生命绽放出无限的光芒,让思想与情感在时空中自由流淌。

01
写作:调整情绪和创造连接

十五岁那年,我离开了我的家乡福建,与母亲一同飞往美国,和父亲团聚。那时,尽管内心对新的环境和语言感到些许不安,但与父亲重逢的喜悦以及与家人共同追求更好生活的希望,让我充满了动力。移民的生活带有挑战,我不仅要继续学习中文,还要开始学习英文。尤其在我刚到美国时,语言的障碍让我感到如同迷失在一片陌生的海洋中。每个语言不通的瞬间,都让我感到孤单。每天在学习英文之余,我开始记录生活中的美好点滴,每一笔每一划都帮助我打败孤单,找回属于我的节奏和宁静。坚持书写,我不仅不断超越自我,还为生活增添了乐趣。

在宾夕法尼亚州费城一所天主教女子高中,我迈出了新生活的第一步,随后顺利考入天普大学。转学至纽约佩斯大学后,我攻读商业专业。四年后,我毕业了,随后进入一家律师事务所工作。在我学习的过程中,在英文不够流利时,我就用中文翻译和记录。参加读书会时,我会写下读后感。这些书写的时刻,都是我与自己心灵对话的时刻,帮助我调整情绪和整合思维。写作是心灵的慰藉,它让我在孤独中找到自我,在迷茫中看到希望。

在美国的岁月里,我努力工作,不断学习写作,为自己创造了机会。我与丈夫共同创业,投资房地产,经历了无数的风风雨雨。每一次的记录,都是对生活美好点滴的捕捉,帮助我保持内心的平静,专注于事业与追求梦想。而这些文字,不仅让我跨越了语言的障碍,更让我深刻意识到,写作是我与世界沟通的桥梁,是我勇往直前的力量源泉。

我很庆幸自己有机会学习世界三大语言——汉语、英语和西班牙语,能够与有不同文化背景的人交流。这种多元的交流不仅让我拓宽了视野,更让我深刻地理解了世界的广阔与包容性。

而写作,则是我与世界沟通的另一种方式,让我在休息时,仍然可以与他人在文字中产生共鸣,继续沟通。它不仅让我有机会表达内心的想法,记录生活中的美好点滴,调节情绪,更让我发现了其中

的无限可能。书写是人与人之间沟通的桥梁,是我与世界建立深厚联系的纽带。这些经历让我坚定了写作梦想启航的决心。

02
写作的"睡后价值"和影响力

作为母亲,我一直深信:教育是通向未来的钥匙。在美国的这些年里,我与丈夫携手培养我们的两个儿子。作为亚裔移民,我们深知,要想在美国立足,必须依靠优质的教育、出色的写作表达能力和不懈的努力。经过我们多年的共同努力,我们的大儿子陈思浩考入佐治亚理工学院,小儿子陈思瀚则考入了加利福尼亚大学伯克利分校。他们选择了计算机专业,因为他们所在的学校都是全美国计算机专业前 5 名的大学,而且这两所学校培养出了不少诺贝尔奖得主。

  在陪伴孩子们成长的过程中，我始终坚信家庭与梦想可以并行。我们通过教育为他们打开了更广阔的未来之门，同时也注重培养他们形成自律、独立与自强的品质。除了学术知识，我们还传输给他们财务管理与投资理财的理念，特别是教他们理解如何提升"睡后价值"，如投资房地产、编写计算机程序、写作等，即便在休息时，知识、技能和努力仍然在为自己和他人创造价值。

  2024年感恩节的一次聚会，让我倍感欣慰，我有幸受朋友邀请，参加了联合国总部中英文资深翻译曹老师的感恩座谈会。曹老师不仅在工作之余教授国学，还鼓励学生们传承中华文化。聚会中，一个华人家庭分享了他们的故事。他们的女儿，虽然在美国长大，却也深深热爱国学。她说："国学的智慧帮助她在迷茫时找到答案。"这句话让我深受启发，再次意识到文字的力量。我也有可能通过写作，影响我的孩子们，甚至更多海外的年轻人。

  我始终相信，教育和写作都能够改变命运。每当看到孩子们在追逐梦想的道路上不断前行，我愈发坚定地相信自己还有许多潜能尚未被发掘，其中之一便是写作。写作是心灵的灯塔，它不仅照亮自己的路，也温暖着他人的心房。每一篇文章，每一段文字，都是我生命中的一部分，它们在某一天可能会在某个陌生人心中激起共鸣，改变他的一生。

03
写作加速自我成长与文化传承

  随着儿子们进入大学，生活开始变得更加充实和忙碌。疫情期间,我重新审视自我。我发觉这些年,为了学好英语、西班牙语,为了培养孩子们,为了工作、生活,我竟忽略了自己的中文修养,这让我感到一丝遗憾和内疚。我问自己:我作为一名终身学习者,我是否敢于再次去追寻属于自己的写作梦想?

　　感谢多年来一直陪伴我的老师们,他们教会了我坚持和信念。在疫情期间,我重新捡起了中文书籍,那个关于写作的梦想仿佛又回到了我的心中。我开始深入研究中医和《黄帝内经》。希望能在疫情期间,多掌握一些健康知识,为自己和亲人筑起健康防线,避免疾病带来的痛苦。虽然文言文对我来说有点难度,但能够有机会学习我们祖先的智慧,我深感荣幸与感激。即使不停地查看百度、翻阅字典,我也无怨无悔。如今,我更加深刻地体会到文字的力量——它们不仅能够记录我们的生活点滴,更能传承文化,为子孙后代传递关爱与力量。

　　我在这段时间遇到了我人生的导师——叶武滨老师,他不但是时间管理大师和人生管理导师,他还是《高能要事》和《善用时间》的作者。通过学习他的书和课程,我明白了如何更好地分配自己的时间和精力,养成好习惯。定时反思做检视,记录自己的成长。通过学习,我意识到人生如同一块白板,我们可以在上面自由地写下自己的故事。与此同时,我也阅读了韩国作家李承宪的《我决定活到120岁》,它让我深刻体会到人生的意义在于不断追求、不断探索,直到生命的最后一刻。这本书也告诉我们文化传承的重要性。

　　正是这段时间的反思与沉淀,让我下定决心拿起笔,记录我的生活,分享我的经历和感悟。无论身处何地,写作都能成为我与世界产生共鸣的桥梁。每一篇文章,都是我内心深处最真诚的声音,它们将伴随着我走向未来,点燃他人的梦想,激励更多的人勇敢追梦。这些经历让我更加坚信：写作不仅能加速自我成长，还能成为文化传承的重要方式。写作是梦想的翅膀，它让我们在飞翔中不断成长，在传承中焕发新生。

04
结语：人生的每个阶段都是新起点

无论你现在身处何地，无论你的人生已经走到哪个阶段，只要你敢于迈出第一步，追逐自己的梦想，写作都将为你打开一扇窗，带你看更广阔的世界。只要你愿意开始，你的人生随时都可以迎来新的起点。我深信，无论何时，人生都能充满精彩。

生命的长度是有限的，但文字的力量是无限的。写作不仅是自我表达、调节情绪的工具，它更是创造价值和影响力的方式。它是一座跨越国界、语言与文化的桥梁，能够将智慧与希望传承给世界。写作是生命的延续，它让我们的思想和情感在时空中永恒绽放。我的写作之路才刚刚启航，但我相信它能在未来的某个时刻，为世界的某些区域带来不一样的影响。我能行，你也行。

而写作，则是我与世界沟通的另一种方式，让我在休息时，仍然可以与他人在文字中产生共鸣，继续沟通。

一个为育儿而成长
的普通母亲自述

逗 号

鑫泓教育咨询创始人
家庭教育系统成长顾问
青少年学习力金牌指导师

01
我是一个喜欢写生活文章的人

为什么想记录生活呢？最初，是希望自己年老后，能有一个回忆的地方。读着文字，想想画面，回忆青葱岁月。于是，2008 年，我开通 QQ 空间，开始持续写文章，至今已坚持 16 余年。就是这样一个随意的小决定，就是这样一个模糊的小目标，给自己快节奏的职场生涯，留出了一个等一等灵魂的空间。

我不是精英，就是一个喜欢用键盘敲出文字的普通人。

为什么喜欢写作呢？这是我曾问过自己的一个问题。作为一名二十世纪九十年代毕业的中专生，父母没上过学，我好奇自己是在什么时候播下的这粒种子。

仔细思考后，居然就追溯到了中专校园时代。一个画面跳出来：唯一一次校园投稿，被校广播站录用并播出，我坐在教室里听着自己写的文章，很爽。

所以，我是喜欢写文章的生活者。

教育家陶行知说过："生活即教育。"当我们行色匆匆、努力奋斗在工作的职场上，又脚步匆匆、焦虑挣扎在琐碎的生活中时，如何平衡？如何选择？思考过后，自然而然就走上了我们的自我成长之路。

坚持这么多年，用文字记录生活点滴，累计完成了 30 多万字的输出。我发现自己从无意识到有意识的坚持里，记录孩子的成长、职场的感悟和生活的碎片，就成了我文章的三个核心元素。

如今，再次翻阅、回顾这些文字，我非常感谢过去的自己。同时，我发现坚持写文章这件事，验证了生命这棵树可以滋养出许多可能性，并收获甜美的果实。

这份收获，与其独享，不如众享，所以，我想从私人空间里走出来，分享给那些奔忙着的普通人。我想说，我们一起普通，但不孤单。

02 我希望儿子成长为什么样子？

一个成年人的改变难不难？答案是肯定的。有两种情况，改变相对会容易一些，那就是要么发生重大事件，要么生儿育女，而我的改变属于后者。

作为一个母亲，我必然会去思考如何养育孩子，育儿目标是我重启和坚持写文章的原动力。

身边很多熟悉我的人，从一开始就知道我的育儿目标：养出一个乐观开朗、独立有主见、勇敢大方、积极向上、有正能量的孩子。期许很美好，但我知道并非易事。

踏上这条养育路，我是紧张的，也是困惑的。第一次做母亲，手忙脚乱，需要像小马过河一样一步一步摸索着前行。儿子出生在2000年9月，信息匮乏，没有人来教我如何当好家长。不像如今，互联网发达到一天的爆炸化信息量，已经超过了五百年前平均寿命五十岁的人一生的信息量。

那个年代，生活在小县城的我，学习交流的机会少之又少。说出来不怕人笑话，当年因为坚持写文章这件小事，我成了身边圈子里的一个另类。有打趣我矫情的同学,也有觉得我傻的同学,而这些年走过来后,身边佩服我的人变多了。

我主动去发现生活的点点滴滴:快乐的,痛苦的;兴奋的,颓废的;愉悦的,懊恼的。只要是真实的,都被我写入了生活记录里。比如关于儿子成长,他很多的第一次都被我记录下来:学习获奖、考试失败、独立考级、上台竞选、外出游玩……多年后,当儿子阅读文章时,他问我:"小时候的我,能说出这样的话吗?我已经不记得了。"我说:"没关系,现在你能知道就好。"

好记性不如烂笔头。留存住成长的瞬间,用文字记录是最佳的方法。时间不停留,成长不等人,遇见的事,有交集的人,构成了每一段路的风景。

03
我的践行——我提供什么陪伴儿子成长?

我读过一句话,深受触动,很是认同。它的大致意思是:一个人的教育之路,家庭教育占比51%,学校教育占比35%,社会教育占比14%。

每个孩子都是天生的学习者,孩子是家庭环境的习得性产物。你是什么样子的家长,你就会收获什么样子的孩子,因为,家长是原件,孩子是复印件。当原件有了问题,复印件怎么能没有问题呢?所以,育己目标是我重养自己、陪伴儿子成长的行动力,因为,我是一个母亲。我知道,榜样的力量、行动与实践,都是不可或缺的家庭环境影响力。我生怕自己不知道在什么情况下的行为和言语,对儿子产生不利影响。

我加快了自我学习和成长的步伐。在重养自己的路上,陪伴孩子成长,一起尝试,一起努力,一起开心,一起难过,走着走着,母子俩成了携手并行的战友。比如,我的职场之路,在跳槽、辞职和转型中不断折腾,从职场"小白"升至公司高管,这一路不仅自己成长了,更收获了自我成就和价值。儿子的学业之路,从小学到大学的每个阶段,层层递进,直至进入某"985"高校就读喜欢的专业。每一个目标,都是孩子独立去实现,他体验到了自己拥有主动选择权的愉悦。

记得2019年儿子高三毕业后,我曾在文章里写过这样一段话给儿子:"我们母子一场,这是一场现世的缘分。你不欠我,我也不欠你。我们只需要携手同行,我为你加分,你为我加分,一切的努力,不为他人,只为自己!"

用力量激发力量,行动力是可以带来改变的。站在当下,回望当初,一个普通人设定的小目标,已经实现。而这样的收获,就是始于我的文字记录。

文字本身就带有力量。通过文字激发出力量,这股力量还是可持续的。坚持家庭教育20多年，我一直坚信，家长以身作则，家长身教大于言行，才是真正的教育引导。所以，我们教育孩子的终极目标，就是让孩子在成长路上的每个阶段，都拥有主动选择权，面对未知的变化，能够从容应对。

最后，我想说，一个写文章的践行者，定会拥有意想不到的好运气。请记住：在一个家庭系统里，"我"是系统的核心。只有"我"好了，"我"的系统才会真的好。

当内在跟外在的行动保持一致时，就是知行合一。我们不仅可以通过内在去促进自己的外在行动，也可以通过外在持续行动，使内在改变。我可以，你也可以。改变自己，出发的最佳时间，就是当下，就是现在！

我很喜欢泰戈尔《用生命影响生命》这首诗："把自己活成一道光，因为你不知道，谁会借着你的光，走出了黑暗。"

把自己活成一道光吧，普通人也可以拥有一束微光。

此刻，开启新旅程，我有了新目标——我是写作者。我想，带上写作的力量前行，去遇见未知的远方，去遇见更好的自己，去遇见读着这篇文章的你。

留存住成长的瞬间,用文字记录是最佳的方法。

生而摇滚

梁 策

RPP注册养老规划师
ITP个税规划师
摇滚美育探索者

10岁时,我对语文老师说,我长大了想当作家。

14岁时,我爱上了摇滚,梦想自己成为摇滚音乐人。

然而长大后,我一度陷入自我失和的状态,迷茫痛苦了10年。

2024年,在郑重转变人生方向后,我迎来了重生与蜕变。

今天,我重拾儿时的梦想,想把我的人生书写成一部摇滚作品,分享给你。

01
和睦温馨的普通家庭,直到我上初中的前一天

我的妈妈是初中班主任,爸爸是普通职工。小学阶段,我放学后大多时间独自在家,妈妈忙着上晚自习、给学生补课,爸爸要加班,有应酬。尽管如此,坚信"吃哪补哪"的妈妈时不时会为我烹饪工序复杂的猪脑羹,爸爸周末会带我去走亲访友。广西人的宗族观念很强,家族的长辈们都对我关爱有加,寄予厚望。

然而,初一开学的前一天,爸爸应酬到半夜才回,躺在客厅沙发上,守着垃圾桶断断续续地吐了一天,接着住进了医院。这一幕深深印刻在我的记忆中,客厅里弥漫的酒臭、饭菜酸臭的味道我至今仍能记得。

02
不为人所知的"单亲"家庭,不被人看懂的真实的我

爸爸出院后,并未完全康复,须长期服药,有时候甚至难以自

理。妈妈既要处理繁忙的教学工作、做优秀班主任，又要照顾家庭，她十分坚强。临近初三时，妈妈将爸爸送往亲戚家照顾。此后很多年，爸爸在我生活中的存在感变得薄弱。

上初中时，我选择进入另一个班级而非妈妈教的班级，以此减少妈妈对我的控制。然而，我在班里遭到排挤，曾经同班 12 年的好友成为对我恶意曲解、搬弄是非的先锋。我感到莫名的委屈，尽管成绩优异，但教室的空气中似乎充满了恶意，没有人可以信任。

过往教育里，没有人教我如何反击，所以我经常回家哭泣，和妈妈争吵，甚至离家出走。我哭的时候，妈妈安慰我，但安慰不到我心里；吵架、离家出走，其实是和最爱自己的人互相伤害，饮鸩止渴。大多数时候，妈妈熬不过我，先给我找台阶下，但我的目的并没有达成，不良情绪还在心中郁结。后来在一次吵架中，妈妈崩溃地对我哭着说，她已经心力交瘁。那一刻，我仿佛被人打得眼冒金星，我感觉自己是最狼狈的人。

03
14 岁邂逅摇滚觅知音，外考高中走进新天地

初中时，同学们热衷于韩流文化。偶像们能唱会跳，似乎很完美，但在我看来，没有创作能力和话语权的他们像是被背后资本摆布的人偶，所唱所跳实则是资本想传播的东西。自察觉到这点后，我便对韩流文化兴趣寥寥，和同学们少了共同话题。

初二时，我在杂志上偶然读到一篇关于某小众摇滚乐队现场演出的报道，华丽而真挚的文笔吸引了我，我试听了他们的歌曲，发现了一个属于我的世界。**这些摇滚歌曲虽然压抑、激烈,但像在冰冷黑夜里炽烈燃烧的火焰,照亮了真实的我**。在周围的人都不理解我,我也不理解为什么自己和别人不一样的时候,摇滚看到了我,告诉了我答案。摇滚音乐是原创的,摇滚音乐人的表达忠于自我,而我也是独一无二的,无须与他人相同。

我的家乡是邓小平爷爷领导起义的革命老区,我的小学、初中都是拥有革命遗址的百年名校。我很热爱这份红色传承,但我不想继续和一群眼熟的乌合之众在同一片土地上生活、学习,我想看看外面的世界。受益于当时地方中考招生政策,我可以报考外地学校,如愿考上了位于广西首府的重点高中,这所学校同样拥有百年历史。

高中里有很多温馨有趣的活动,比如运动会开幕式上花样百出的班级阵列表演,圣诞节全市高中联合投递的爱心信件,跨年夜的众多欢乐项目、引领校外夜市潮流的班级摆摊……我所在的班级整体氛围很活泼,参加这些活动时,我们班都是最欢乐、最不走寻常路的。

高中三年带给我许多美好的、治愈的回忆,我感到放松和自在,心灵之扉逐渐悄悄地打开。

04
大学专业、职业方向选择出现偏差,十年蹉跎茫然

高考填报志愿时,我选择了中国农业大学,因为我热爱它的校训:"解民生之多艰,育天下之英才。"大学期间,我发展了许多兴趣爱好,并观看了摇滚现场表演,与喜爱的乐队们建立了更深的联系。然而,我在选择专业时草率了,学习过程中才发现自己并不喜欢。

发现问题时，长辈们都建议我继续夯实专业能力，我没找到更合意的可行路径，便不了了之。

毕业后不久，所学专业在国内市场转冷，步入寒冬。我迅速转行至相近行业，做了6年技术岗。然而，新工作也不是我的理想工作：边际效益低，工作所带来的赋能很少，工作技能在生活中用处不大……

高强度的非自主加班、重复单调的劳动侵占了我社交、娱乐、学习的时间，损耗我的身心健康。我感受不到生活的乐趣，自我认知不断被消磨。**我意识到继续蹉跎下去，我的人生轨迹将越来越偏离我的理想，改行的想法越来越强烈。**

05 勇敢破局，重塑自我

2024年初，我离职休息了一个多月，同时思考未来方向。总结过去10年的经验，我认识到选择大于努力，视角决定高度。**一是要站在高维视角去筛选朝阳产业，二是选择适合自己的性格天性、能提高自我价值感的赛道。**何为高维视角？在我看来，就是要密切关注政策走向、主力资金流向，这些都指向了国家和市场最关注的方向。

顺着这个思路，映入我眼帘的便是"银发经济"和养老保险。养老，是父母马上面临的问题，是我终将走向的未来。这几十年，中国人口结构变化巨大，医疗和养老的条件、理财和消费的观念日新月异。目前，银发经济领域的开发尚处于起步阶段，这无疑是一片巨大的蓝海。养老保险是银发经济领域中的上游——资金提供端的重要组成部分。我本身保险观念很强，并且想做离钱近的事情，于是顺理成章地来到保险赛道。

在平台的选择上,我也遵循同样的思路,加入了友邦,一家1919年起源于上海、覆盖亚太区内18个市场、2023年全球保险公司市值排名第四的百年企业。像医疗改革、养老等很多对于当下的中国来说前瞻性的课题,友邦在其他已经进入老龄化社会的市场已经有了丰富的经验积累。

入职培训时,老师问我是否觉得转行做保险很困难,我说,我觉得前所未有的好。当时的我处于达克效应的愚昧之巅,开始实操后,我逐步发现自己的盲区,滑入了绝望之谷。好在通过团队的指引、自身不断的探索学习,我渐渐领悟到很多受益一生的智慧,比如要找到自己的节奏,先完成,再完美;比如要向上社交,投入时间和精力在高能量的场域里,因为同频共振,时间和精力在哪里,结果就在哪里。改变从不习惯开始,实践出真知,在半年密集的突破与重塑后,我攀上开悟之坡。

通过这段经历,我对友邦公司所提倡的长期主义有了切实的体悟。"耐心资本"的概念不仅适用于金融领域,同样适用于个人成长。

06
回归初心,谱写未来

2024年是我人生新篇章的开始。在重塑自我的过程中,我重新审视了29年人生的点点滴滴,看清自己从何处而来、为何而来、要往何处去。

我曾经历原生家庭的伤痛,身为"异类",不被理解,甚至不敢被看到,最近十年感到迷茫痛苦。我一度迷失自我,自觉一路走来获得太多帮助,却惶恐不已,觉得对不起这份幸运。曾经的我把自己客体化,忽视了自己在每段关系中的真心投入。现在我看到了,我值得我拥有的一切。爱人先爱己,爱满则溢。我找回了人之为人的自我意志,不仅学会了自我疗愈,现在还在学习疗愈父母,阻断代际创伤。

我听摇滚超过半生,听过百把个乐队、万把首歌。我不仅听歌曲的制作技艺,听歌词展现的人间百态、精神世界,感受现场演绎的情感流动,感受乐队和音乐人的艺术人格,我还看到音乐人的成长变化,看到乐队兴衰的周期发展,收集了众多样本。超越周期、走向常青的理想早已从14岁开始,在我心中种下种子,摇滚即我的美育、我的信仰、我的初心。

现代信息社会,信息差容易抹平,但认知差、执行差必须通过自我开悟和不断践行才能克服。我已做出深思熟虑的选择,怀抱着预备贯彻终生的信仰。外界的攻击在我眼里破绽百出,不仅打不倒我,反而让我更加坚定。

我找到了自己的使命:用生命影响生命,用我的方式疗愈更多人;追逐光,成为光,传播属于我的美育。

我的愿景是像一份礼物出现在别人的生命里。

跌宕起伏,激荡前行,我的摇滚人生未来有更多乐章,敬请期待。

我找回了人之为人的自我意志，不仅学会了自我疗愈，现在还在学习疗愈父母，阻断代际创伤。

书写人生，
绽放女性华彩之光

盛韵清

畅销书出品人
单身妈妈赋能平台酝梦池创始人
畅销书发售操盘手

"人生最大的荣耀不在于从不跌倒,而在于每一次跌倒后都能重新站起,并用文字书写出更壮丽的篇章。"在生活的广袤天地间,女性仿若星辰,本应璀璨,却常被重重云雾遮蔽光芒,我亦曾在这朦胧暗夜中辗转难眠,幸得写作指引,如灯塔破雾,终寻得自我解放与成长的通途。

01 传统枷锁下的幽影

生于平凡的农村家庭,传统观念如顽固的荆棘,紧紧缠绕着我。自幼,那"女孩应以家庭为归宿,贤妻良母方为正道"的训诫便不绝于耳。在其裹挟下,我懵懂地步入婚姻殿堂。前夫看似无错,家庭看似和睦,然我内心却似荒芜的孤岛,孤独与空虚肆意蔓延。我们如同并行的铁轨,虽相伴却难相交,灵魂的隔阂使交流仿若跨越天堑,我被困于无形的樊篱,自由与欢乐渐成遥远的奢望。

日复一日,重复的教学流程,既定的教育范式,如钝刀慢割,将我的热情与创造力消磨殆尽。我常于心底悲叹:难道此生便如此被界定?难道要在这死水般的平淡中虚度数年?

02 觉醒时分的抉择

迷茫如浓雾深锁之际,命运的钟声悠然敲响。那个寒冬,疾病将我困于床榻,望着苍白如雪的天花板,思绪如不羁的飞鸟,挣脱束缚。

我不禁叩问灵魂:若生命就此凋零,可会留有遗憾?我可曾真正活过?刹那间,心底涌起决绝,我誓要冲破这混沌,挣脱身心的枷锁。

彼时,书籍与名人传记似智慧的清泉,润泽心田,我豁然开朗,人生之路本应繁花似锦,由我主宰。 于是,我决然斩断无灵魂的婚姻羁绊,辞去那看似安稳实则束缚的教职。此决定仿若惊雷,震骇四邻,质疑与反对如潮水涌来。然我心坚如磐石,深知这是新生的起点,纵荆棘满途,亦要昂首阔步。此后,我踏上自我探寻之旅,以无畏之姿,开启探索内心宝藏与追逐自由梦想的壮丽航程。

03
破茧成蝶的蜕变

离婚与辞职后的我,仿若迷失于暗夜深海的孤舟,迷茫与恐惧如影随形,未来如混沌迷雾,不见真容。但我不屈于困境的威压,借测评之镜、学习之梯、冥想之舟,深入灵魂幽处。我惊喜地发现,自身潜藏无尽潜力与闪耀优势,往昔的经历与所学,在好奇心的点化下,皆化为珍贵的砖石,铺就重启征程的康庄大道。

我毅然勇闯心理咨询、生涯规划、家庭教育等多元领域,更涉足商业、投资、营销等未知天地。为求素养提升,我如饥似渴,新知识与新技能皆为我成长的养分。其间,写作若璀璨星辰,高悬暗夜,我借其记录心灵感悟,分享生活哲思,思绪由此明晰,表达愈发精准,更与众多灵魂同频者相逢于这文字的星河。

伴随不懈的学习与书写,我在自我成长的幽径上稳步前行,每一步皆印刻着进步的痕迹。我鼓起勇气,于直播间、朋友圈及社区展露学习成果,仿若播撒希望的种子,收获了认可与支持。往昔那个自卑怯懦、唯他人意旨是从的柔弱女子,已在岁月的熔炉中涅槃重生,化作主宰命运、定义人生的强者,于天地间展翼翱翔。

04
女性力量的薪火相传

在自我成长的繁花盛景中,我留意到身边有诸多女性友伴,如往昔的我,深陷传统观念的泥沼,于家庭与事业的夹缝中艰难喘息。这使我幡然醒悟,个人的蜕变不应是终点,我应肩负使命,成为女性觉醒的引路人,助她们挣脱思想桎梏,唤醒内心沉睡的磅礴伟力。

愿更多女性能从我的经历中汲取勇气,不被外界的喧嚣乱耳,不被无端的规则缚身。身为母亲,这绝非家庭的标签,更是自我梦想的

无垠苍穹,待其翱翔;从事一份职业,亦不会被岗位的框架所限制,无尽潜力如宝藏深埋,亟待挖掘。无论身处何种困厄之境,皆要坚信自身拥有扭转乾坤、缔造无限可能的神力。须知,生命的华彩在于勇敢地做自己,无畏地探索未知之境,执着地追逐那仿若天际流星的梦想。

而欲抵达生命的至臻境界,经济独立乃关键密钥。在企业就职,即便业绩斐然,薪资增幅亦常受局限。故而,我们当寻觅真心热爱且能实现复利累积之事,如表达与写作,借其延展个人影响力,积累人生的丰厚复利。当女性拥有经济独立的坚实底气,方能于天地间自在翻跹,尽显绰约风姿,畅享自由人生。毕竟,获取财富的能耐直接勾勒出生活的蓝图。

我深知,在这女性觉醒的伟大征途上,我并非踽踽独行。我愿以文字为明灯,照亮暗夜;以经验为指南,拨正航向;以力量为长风,鼓满征帆。为她们驱散阴霾,引领其在追寻自我的漫漫星河中不再迷茫,携手共赴那充满无限可能的未来之境。

05

未来蓝图的绘就

此刻,我对未来满怀炽热憧憬与笃定信念,未来三年的规划已然清晰铺展。我会用心雕琢多部满溢正能量且内涵深刻的图书,让灵动文字化作灵羽,轻柔触碰女性心灵深处,唤醒她们沉睡已久的觉醒意识,引领其迈上自我发现与成长的神圣征程。

我将会参与一系列丰富多元、精彩纷呈的线下讲座与培训活动,打造一个温馨且充满力量的女性成长社区,使之成为坚韧单身妈妈们的温暖避风港。我会与女性朋友们促膝长谈、以心交心，为身处迷茫困境的她们精准指引方向，深度挖掘她们的潜力，让每一位女性都活出自我最大的可能性。

人生之路荆棘密布，低谷挫折如影随形，但觉醒与表达之力恰似利刃锋芒，可斩破万难。"人生如逆旅，虽有疾风骤雨，然心怀壮志者，可凭笔锋破万卷，绘就璀璨星河图，以不屈之姿书就传奇华章。"让我们携手并肩，以笔为剑，镌刻独属于自己的荣耀人生，绽放绚烂华彩，彰显无畏勇气与绝世荣光，于岁月画卷镌刻下深深印记。

我深知,在这女性觉醒的伟大征途上,我并非踽踽独行。

如何用写作
翻转人生的剧本

蕾 蕾

云思惠享读书会创始人
高端沙龙品牌教练
女性成长教练

01
笔尖下的重生

你是否相信,一支笔、一张纸,能翻转命运的棋盘?在这个纷扰的世界里,我们每个人都握着一支笔,却不是每个人都知道如何下笔。

写作,这个被低估的魔法,其实是改变人生的秘密。对我来说,它不仅仅是一种表达方式,还是自我发现的旅程,是我无声的呐喊,能够穿越时空,触动人心。我曾经梦想用文字编织出自己的世界,用我的故事、我的思想去影响别人。

你是否也有过这样的梦想?是否也想通过写作,找到那个能让人生翻盘的最快捷径?如果你有这样的梦想,那么,我的故事或许会对你有些启发。

02
逆境中的重生

记得在29岁那年,我的人生遭遇了双重打击:老公的背叛和创业的失败。我的婚姻和事业在一夜之间化为乌有,留下的是几十万元的债务和无尽的绝望。那时,我仿佛站在了人生的悬崖边,脚下是深不见底的黑暗。

在一位朋友的引荐下,我加入了一家全国知名的房地产公司,担任销售员一职。跨入一个全新的领域,面对那些比自己年轻却已是行业翘楚的同事,我虚心向他们请教。全身心投入到房地产行业的学习中,从基础的项目沙盘讲解到细致的置业计划制订,从初次电话的拜访技巧,到面对面的客户接待流程,再到后期的客户回访以及最终的成交策略,我一边积极请教,一边认真记录,然后不断地实战演练,逐步提升自己的专业能力。

不久之后,公司迎来了一年一度的分公司销售经理竞聘会,我被列入候选人名单。凭借出色的表现和扎实的专业知识,我一路过关斩将,在激烈的竞争中脱颖而出,最终以最高分拿下销售经理的职位。

原以为可以在房地产行业做到退休,可好景不长,疫情影响了整个经济大环境,房地产行业也迎来寒冬,我再次失业。

面对生活给我的试卷,我只能接着考试。我在网上购买过各种课程,从唱歌到配音,从书法到直播讲故事,从剪辑到制作短视频,买了个遍。我陷入了一个怪圈,买了很多的课,没学习几节,又被新的课程吸引。

我完全不知道自己到底擅长做什么。囤了很多的课,似乎买了就代表学会了,其实只为了自己能睡个安稳觉,最后却变得更加焦虑与懈怠。

我不知道自己的方向在哪里,迷茫再次袭击了我。我开始重新审视自己的内心,寻找那个能让我真正安定下来的东西。

03
遇见《用一年时间重生》这本书

直到在一个线上读书会,我遇见了《用一年时间重生》这本书。它如同一把钥匙,打开了我人生中的另外一扇门。

我很久以前有一个梦想——出书,此时它再次从脑海里蹦出。这个梦想如同遥远的星辰,璀璨却遥不可及。我不知道如何着手,如何将心中的星辰化作文字的河流。

《用一年时间重生》这本书提倡"自由书写,听从内心的声音",这让我沉下心来,开始倾听自己的内心。那时的我,内心迷茫,如同迷失在茫茫沙漠中的旅人,不知方向。我按照书中的问题,一遍又一遍地问自己:如果有足够的时间和金钱,这辈子我会做哪些事情?

我写下了无数个被物质欲望填满的答案,但随着笔尖的舞动,那些答案逐渐变得空洞,直到最后,我再也写不出什么了。就在这时,我听到了内心深处真正的声音——创造价值,传递价值。这就是我的人生关键词。

04
从市场营销者到文字的舞者

我学的专业是市场营销,与写作的世界隔着千山万水。我的写作不过是在日记本上的随意涂写,记录着日常的点滴。然而,古话说得好:"书犹药也,善读之可以医愚。"这句话点燃了我心中的火焰,我开始如饥似渴地阅读关于写作的书籍,参加写作训练营,融入读书会的圈子里,每天坚持完成最初的200字写作作业打卡。

05
先完成,再完美

"完成比完美更重要。"因为想给自己一个输出的环境和展示的机会,我创立了自己的读书会。在创建初期,这个过程并不像想象中那么顺利,从海报设计到人员招募,从图书PPT制作到场地预订,再到请朋友帮忙给活动赋能,每一步都充满了挑战。但我知道,只有先完成,才能谈完美。先成长,才能有成就。

在朋友的帮助和自己"先把背包扔过墙"的勇气驱使下,最终,我顺利创办了读书会。在一次次修改逐字稿后,我的第一次线下读书会圆满结束。这不仅是成功举办一次活动,更是我理想事业的第一步、开启新征程的第一步。

06 写作训练营与成长

创建读书会只是开始,我深知高效阅读和夯实写作基础的重要性,因此,我参加了线上的写作训练营,想要提高自己的写作能力。

我学会了如何围绕一个主题构建文章的框架,如何从日常搜集的素材中挑选出与之匹配的内容。就这样,一步一个脚印,我从一名普通的读书会成员,成长为一个万人读书会社群的青铜级教练,多次担任读书会的领读官,成为省级图书馆读书会的主理人。

07 写作的力量与自我蜕变

这一切的改变都始于我遇见那本书,我找到了人生的关键词。从我拿起笔的那一刻起,我真的用写作在生命的长河中书写了属于我的人生剧本。

在写作训练营中,我因未按要求完成作业而被老师一遍遍要求重写,我曾想过放弃,但是心里有个声音在说:创造价值不就是一个自我蜕变的过程吗?在痛苦中去拥抱痛苦,感受痛苦,最后干掉痛苦。这不就是一次人生的修炼吗?人不是因为有能力才去做一件事,而是因为去做了这件事,才会发现自己惊人的能力。

08
结尾：笔尖下的自我探索与重生

亲爱的你，如果你此刻正站在人生的十字路口，不妨拿起笔，记录你的故事、梦想、迷茫和希望，因为写作，不仅是记录，还是心灵的救赎，是灵魂的重生，让我们在文字中找到新的生命。

"写作是心灵的对话。"这句话一直激励着我，让我相信文字的力量。它是一种创作，一种表达，一种释放，让我们的内心压力得到释放，情感得到宣泄，思想得到传播。

你是否想过，你的故事能改变他人？你的一字一句，可能成为别人心中的灯塔。写作，是一种无声的力量，穿越时空，触动人心。

那么，你的故事是什么？你的梦想又是什么？"每个人都应该至少写一本书，因为每个人都有一个独特的故事要讲。"你的故事，你的梦想，你的思考，都是独一无二的，都值得被听见。

如果你是初学写作的人，我希望你不要害怕开始，不要担心写得不够好。"写作的第一步就是把手指放在键盘上。"写作是一个过程，需要时间、耐心和练习。不要担心语法错误，不要担心结构不完美，最重要的是真实记录你的想法和感受。

"写作是重新认识自己的过程。"所以，不要害怕展现真实的自己。从日记开始，从短篇故事开始，从你最关心的话题开始，每一次写作都是自我探索，都是心灵的旅行。

现在，我邀请你，拿起笔，开始你的写作之旅。不要等待完美的时刻，因为完美的时刻永远不会到来。"最好的写作是重写。"所以，开始写吧，享受过程，因为写作本身就是一种奖赏。

你准备好了吗？让我们一起，在笔尖下，重生。

人不是因为有能力才去做一件事，而是因为去做了这件事，才会发现自己惊人的能力。

45岁妈妈如何获得自由人生？

书辰

精通四国语言的跨文化表达导师
演讲与写作赋能专家
旅居日本的英语学习规划师

01
引言:枷锁与钥匙

你是否也曾觉得,自己被困在一个无形的牢笼中,无论多努力都无法逃脱?

我的前半生,是一段被无形枷锁禁锢的漫长岁月。

那些枷锁或许没有形状,但它们真实存在。作为一名朝鲜族女孩,我从小生活在一个重男轻女的环境中。在学校里,大扫除时,男孩总是被老师放出去玩,女孩却被留下来清扫教室;在家族聚会上,男孩可以坐在主桌上谈笑风生,而女孩只能围着小桌吃饭。这些无形的规则如同一道高墙,将我困在被忽视的阴影里。

我拼命努力,却始终被"自我怀疑"的枷锁束缚着,无法向前迈进一步。从那时起,我的心愿就是离开我的家乡。我觉得只要离开这里,我就能挣脱枷锁,找到自由,开启全新的人生。我总以为,那把打开枷锁的钥匙藏在遥不可及的地方,却从未发现,它其实一直在我自己的手中。

02
拼命努力,却无法翻越高墙

20岁那年,我怀揣对自由的渴望来到日本留学。初到异国,日语不好的我白天上课,晚上在餐厅刷盘子刷到凌晨。每次拖着疲惫的身体回到狭小的出租屋,我都告诉自己:"只要足够努力,就能改变一切。"

我做到了。

我考上了日本一所国立大学,每次都第一个交作业,成绩名列前茅,连续获得日本政府奖学金。我掌握了中、英、日、韩四国语言,成了家人眼中的骄傲。

但毕业求职时,接连的失败让我措手不及。一次次面试让我对自己失去了信心,我甚至不敢直视考官的眼睛,不敢表达自己的想法。每一封拒信都像一块砖,垒起了一堵高墙,将我困在"努力无意义"的深渊中。

后来,我才明白,那堵墙不是别人建造的,而是我的内心怀疑构筑的。

最大的枷锁,从来不是环境,而是我们的内心。

03

演讲:后半生的第一束光

毕业后,我没能进入自己向往已久的公司,做了一份普通的工作,过上了看似安稳的生活。我日复一日地忙碌着,但内心始终感到一种隐隐的失落:我是否正在逃避那些未实现的梦想?

两个孩子成了我生活的重心。每当需要在家长会上做自我介绍时,我紧张到声音发抖。那种"被看见"的恐惧从未消失,而是像一道无形的墙,把我困在了平凡与自我怀疑之间。

直到儿子考入中学的那一天,我突然意识到:孩子在为自己的未来努力,而我却停留在原地。我问自己:如果无法从容面对别人,我怎么能成为孩子的榜样?

那一刻,我决定做点什么,于是我报名参加了一次为期21天的演讲训练营,开启了我人生的新篇章。

"你最害怕进入的洞穴里,藏着你想要的宝藏。"

第一次站在镜头前时,我的手心冒汗,声音颤抖,低着头,结结巴巴地说了几句,便草草结束。那一刻,我甚至怀疑自己做了一个错误的决定,但导师的一句话点醒了我:"每一次站上舞台,都是一次突破。"这句话给了我莫大的力量,让我看到,哪怕再小的进步,都是一种成长。

从那天起,我给自己定下目标:一次比一次好。通过刻意练习,我一点点克服了紧张,逐渐找到了属于自己的节奏。从最初的颤抖到自如地微笑表达,从面对镜头的不安到舞台上的从容,在短短5个月里,我参加了4次线上线下演讲比赛,获得了2次冠军和2次亚军。这些成就不仅让我重拾了自信,也让我意识到:这束光,就像在我的高墙上打开了裂缝,照亮了那些曾经被阴影笼罩的角落。

这让我有了一个新的目标:我要成为像导师一样的人,用我的经历帮助更多像我一样困惑的人。于是,我继续努力,拿到了国际认证的培训师资格证,成为一名演讲导师。

在一次辅导中,我遇到了一位特殊的学员。她否定自己,总是在自我怀疑中徘徊。她的眼神中有着深深的不安,那一刻,我仿佛看到了曾经的自己。

为了帮助她,我竭尽全力,陪她反复练习,甚至为她制作道具、精心调整稿件。她在舞台上的表现一次比一次好,她变得越来越自信,我也为她感到骄傲。在一次半决赛时,连评委都感叹她的演绎"非常精彩"。然而,她止步于百强,未能进入总决赛。评委的一句

话刺痛了我:"演绎很好,但稿件还有欠缺。"

那一刻,我意识到,我的写作能力不足以帮助她走得更远。尽管我通过演讲找回了自信,但要真正帮助更多的人,我必须正视自己的短板。我决定迎难而上,提升自己的写作能力。

这段经历,成为我学习写作的起点。

04
写作:打开通往自由的门

"无论多大,你都可以重新设定目标,或者拥有一个新的梦想。"这句话一直激励着我。于是,我决定用2个月的时间,专心地学习写作。在这2个月的时间里,我不仅学习了基本的写作框架和技巧,还学会了使用AI工具。这些工具快速提升了我的效率,也弥补了作为少数民族的我在汉语书写上的短板。每天夜深人静时,等孩子睡着以后,伴随着孩子有节奏的呼吸声,我用手机写下一行行文字。

在写作课程后期,由于颈椎病发作,我无法低头看手机,只能把枕头靠在墙上支撑脖子,手臂高举手机打字。2个月的坚持,我完成了40多篇作业。

在写作的过程中,我重新梳理了自己的人生,与内心深处那个不自信的小女孩对话。通过一步步深挖,我终于明白,那个曾经的"丑小鸭"走出家门,起初可能是通过别人的认可和自己的努力在证明自己,但当完成六千字人物文章时,我写下"丑小鸭本就是一只天鹅,无须证明自己"。那一刻,我泪如雨下,也终于与自己和解,接受了那个不完美的自己。后来,我获得了两次写作比赛的冠军。

更让我欣慰的是,这一次,我用写作帮助一位学员完成了一篇感人的演讲稿,同时帮助他掌握演讲技能,最终成为那次演讲比赛的全国冠军。这不仅让我弥补了之前因为写作能力不足而留下的遗憾,也让我感受到:写作不仅是个人能力的提升,更是一种改变他人命运的力量。

与此同时,在写作营中,我辅导另一位学员写作。他起初抗拒提及自己的痛点,我用自身的经历引导他深挖,与内在的小孩和解,重新审视自己的原生家庭。最终,他不仅在写作比赛中拿到亚军,他的爱人还笑称,写作给了她"一个不一样的老公"。而我看到的,是他重新面对过去的勇气和那束属于他的温暖光芒。

我的身份从学员变成了赋能者。从演讲导师到写作营的执行营长,我曾带领200多人的团队,帮助150名学员提升写作水平。他们中有些人通过写作梳理了自己的人生,有些人找回了表达的信心。这让我看到,写作的意义远不止于记录,更是一种深刻的疗愈和价值的传递。

这些经历让我深刻体会到,写作是一把钥匙。它不仅让我解开了内心的枷锁,也让我用这把钥匙,帮助他人看到更多人生的可能性。

05
结尾:转动钥匙,从 0 到 1

写作,是一把钥匙。

它解开了我内心的枷锁,让我不再被自我怀疑困住;

它穿越了那堵无形的高墙,让我看见了阳光与希望;

它让我相信,哪怕最平凡的故事,也有属于自己的光芒,可以照亮他人。

或许你也曾觉得,自己的故事微不足道,不值得被记录,但我想告诉你,每一段经历都有它的意义,每一份真诚都能触动人心。只要你愿意拿起笔,文字就能打开一扇门,带你走向更广阔的世界。

从枷锁到自由,从阴影到阳光,世界需要看见你的故事。因为那是独一无二的光,只有你能让它闪耀。

让我们一起成为有故事的人,成为那个写作者!我可以,你也可以!

最大的枷锁，从来不是环境，而是我们的内心。

字里行间：10年写作之旅与人生的3次蜕变

陈廷伟

007全民写作大使
马拉松跑者
某上市企业人力资源经理

2014年12月，我作为一名大学新生，为了筹集前往印度尼西亚参与国际志愿者项目的资金，注册了一个微信公众号账号，并发表了我的处女作《圆梦计划，请支持我的海外志愿之旅》。这篇文章吸引了1640位读者的目光，他们为我筹集了2000多元，足够购买1张从广州飞往印尼的机票。

10年后的今天，我依然记得自己一个人待在大学宿舍里，坐在电脑前，决定向世界喊出自己梦想的那种忐忑、激动和兴奋。

这次经历开启了我的人生探索之旅，也标志着我写作生涯的正式启航！

时光荏苒，截至2024年12月，我已经写作了10年。在简书、微信公众号等平台，我发表了200多篇文章，累计撰写了30多万字。这些文字不仅记录了我的快乐与幸福，承载了我的心酸和汗水，也见证了我的成长。

从一名写作新手，到激励110人投身写作，再到在1年内创造出10多万元的财富，我总结出了写作的三大价值。

01
写作：探索的灯塔

2017年6月，我刚大学毕业，满怀憧憬地步入社会，却遭遇了无情的打击，是写作帮助我重新站起来，面对生活。

2016年，课程不多，我开始跨行业发展，全年都在实习和工作，月收入可达七八千元。作为学校方程式赛车队的经理、职场训练营的优秀学员、国际演讲会培训师俱乐部的主席，我自信满满地步入社会,却很快遭遇了现实的挑战。

毕业后,为了快速进入培训行业,两三个月就能晋升为培训讲师,月薪过万元,我匆忙找了一份培训助教的工作。因为连续五个月未能达到销售目标,我只能领取2400元的底薪,然而我的房租、学习培训支出和其他日常开销每个月高达7000元。

直到第六个月,自信心和积蓄双双耗尽,我才不得不寻找新工作。在那段焦虑和挫败的日子里,我每晚写日记,记录心情和想法,进行自我排解。有时候,我一边写日记,一边眼泪往下掉,把我的日记本都浸湿了。最终,我写出了《毕业后,才发现自己没有那么牛逼》,直面真实的自我和社会。通过写作和自我对话,我走出了困境,重新建立自信,找到了新的培训讲师工作。

写作,如同深夜里的一道闪电,驱散了我内心深处的迷茫。

02

写作:成长的阶梯

如果说书籍是知识的宝库,那么写作就是开启智慧的钥匙。作为一名培训师和人力资源工作者,我深知,若不及时记录所学所想,它们很快就会被遗忘。

费曼学习法告诉我们,检测知识是否被掌握的最终途径是看你是否有能力把它传播给另一个人。而写作,正是内化和传播知识的绝佳途径。你无须担心找不到人交流,也无须在意对方是否有空,只需在静谧的时刻独自思考,然后将知识按照自己的理解重新呈现。

李海峰老师曾说:"表达的价值在于调整自己、启发他人、获得帮助。"写作,正是这样一种表达方式。

在我的成长过程中,我经常通过写作来学习新的思维方式和技能。

2024年3月,我参加了"创造有意义的工作"工作坊,深受启发。我立即整理出两篇文章《创造有意义的工作(探索篇)》和《创造有意义的工作(创造篇)》,记录了我对课程设计环节的思考和探索工具的应用尝试。即使半年后重读这两篇文章,我依然能回忆起上课时的喜悦和触动。

也是这两篇文章,时刻提醒我要为自己创造有意义的工作。

类似这样的例子还有很多,我整理过大量的读书、学习笔记,让自己能够更好地内化学到的知识和技能。同时,我通过这些读书笔记,认识了大量志同道合的朋友。我们一起交流探讨,彼此赋能,学得更深,应用更多。

写作,是我成长过程中的加速器,也是我思想成熟的秘诀。

从2018年开始,我每一年都会给自己写一篇年度总结,总结这一年来的重大事件,记录这一年在自我实现、个人成长、职业发展、财务、健康、亲密关系等方面的得失。

每一次写年度总结,都是一次极好的复盘总结的契机,让我看到自己这一年的成长,思考下一年的方向。截至目前,我已经连续写了6年的年度总结,影响了超过30位朋友做年度计划和年度总结。

每一次打开自己的年度总结,我都会看到自己在这一年里的行动、思考和改变,看到自己在这一年里的反思和精进。

可以说,写作是普通人崛起的最好方式。邀请身边的每一位伙伴用写作加速成长,让写作成为成长的阶梯!

03
写作:创富的途径

得到 App 创始人罗振宇曾说:"每个行业的红利,都将向善于表达者倾斜。"在任何行业中,能够有效表达自己观点的人更容易获得成功和认可。

我深信这一点,并且亲身实践。写作 10 年,我影响了 110 位朋友开启写作之旅,为自己创造了 20 多万元的非工资收入。

写作如何帮助我们创造财富?首先,你的文字本身就是作品,作品具有价值,别人可以购买你的作品。我们可以将零散的文字整理成文章,再将文章整理成书,它们都是作品,可以为我们带来收入。

其次,你的文字可以为别人的作品加分,带来溢价和销量。文章除了成为作品,也可以作为一种媒介,24 小时传播。我看到一些好的课程,自己学习后觉得不错,会通过朋友圈或者写文章的方式,推荐给身边的朋友。这样可以让身边的朋友了解好的课程,我自己的收入也大幅增加。

写作是自媒体和知识付费创业者的必备武器,也是普通人抓住时代红利的利器。会写作的人,可以将自己的影响力放大10倍,获得财富的能力自然倍增。

以上就是写作的三大价值:探索、成长、创富。

我邀请更多的人一起拿起笔,我们一起写作,共同书写美好的人生。我们不仅是在记录生活,更是在塑造一个物质充裕、精神富足的自我。

写作，如同深夜里的一道闪电，驱散了我内心深处的迷茫。

写作的勇气：
从隐藏到分享的
转变

梦 琪

手绘视觉笔记达人
AIGC艺术设计师
社群运营师

在这个纷繁复杂的世界里,很多人都在用自己的方式书写着属于自己的故事。而我,一个曾经因为听不见而自卑、害怕的人,也在写作这条道路上,"听"到了属于自己的声音。

01
写作的萌芽:从否定到尝试

之前,我总是因为自己听不见,觉得自己做不了某件事情,于是害怕去尝试。我对自己说:我不行。这句话像一根绳索,将我牢牢地束缚在了原地,让我在面对生活的种种挑战时,总是畏首畏尾,不敢迈出第一步。我仿佛被困在了一个无形的牢笼里,外面的世界再精彩,也与我无关。

然而,生活总是在不经意间出现转机。有一天,我参加线下活动时,一位老师鼓励我:"不要总是在想,去做吧!先做了再说,先完成,再完美。"这些话就像一把钥匙,打开了我心中那扇封闭已久的门,顿时在我心中激起了巨大的波澜。我恍然大悟,原来我一直以来都在等待那个所谓的"完美时刻",等待自己变得更加完美,却忽略了那个最简单的真理:做比想更重要。

我开始尝试各种之前从来不敢想的事情,包括写作。 起初,我只是简单地记录自己的日常,写下那些微不足道的感悟。但随着时间的推移,我发现写作竟然成了我与世界沟通的一座桥梁,它让我能够跨越听觉的障碍,用文字去表达那些藏在心底的情感和想法。

02
写作的勇气：从沉默到愿意分享

写作，对于曾经的我来说，是一个遥不可及的梦想，仿佛天上最亮的星，可望而不可即。我害怕自己的文字太过稚嫩，无法与那些成熟的作品相提并论；我害怕自己的观点不够深刻，无法引起他人的共鸣；我更害怕别人因为我的听力障碍，用异样的目光看我。然而，当我真正鼓起勇气，开始写作并分享自己的故事时，我发现那些担忧都是多余的，它们像晨雾一样，在太阳升起时逐渐消散。

我开始在朋友圈小心翼翼地分享自己的日常，那些看似平凡却又充满生活气息的文字，记录着我的喜怒哀乐、点滴成长。起初，关注者寥寥，点赞和评论也屈指可数。但每一次互动，无论是一个简单的点赞，还是一句简短的评论，都像冬日里的一缕阳光，温暖而明亮，让我兴奋不已。我意识到，原来我的故事也能触动别人的心弦，我的文字也能像一束光，照亮他人的世界，给他们带来力量和启发。这种被看见、被认可的感觉，如同甘霖滋润了干涸的心田，让我逐渐找到了自信，也让我更加坚信：只要我想，只要我敢于尝试，我什么都能做到。

随着写作的不断深入，我对文字的热爱也日益加深。我开始积极参与各种写作课程和社群活动，渴望在大家庭中汲取更多的营养，提升自己的写作能力。我从未想过自己可以如此大方地在众人面前分享自己的写作心得和故事，那些文字，如今成了我与人交流的桥梁。每一次分享都是一次自我挑战和突破，让我学会了如何更好地组织语言，让文字更加流畅、有逻辑；如何捕捉生活中的细节，让文章更加生动、有趣;如何通过文字去传递情感和力量,让读者在阅读的过程中感受到温暖和力量。

记得有一次,我参加了一个线上写作工作坊,需要提交一篇关于自己成长经历的文章。我犹豫了很久,最终还是决定写下自己与听力障碍抗争、通过写作找到自信的故事。文章发布后,我收到了很多陌生人的留言和鼓励。他们告诉我,我的故事给了他们勇气和动力,让他们相信即使面对困难,也能找到属于自己的光芒。那一刻,我深深地感受到了写作的力量,它不仅仅是一种自我表达的方式,更是一座能够跨越时空、连接心灵的桥梁。

就这样,我在写作的道路上越走越远,也越来越坚定。我学会了用文字去记录生活的点滴,用文字去表达内心的情感,用文字去传递正能量。我知道,这条路还很长,但我已经不再害怕,因为我知道,只要我心中有梦,手中有笔,就没有什么是不可能的。

03
写作的力量:从自我成长到影响他人

写作,不仅仅是一种自我表达的方式,更是一种能够影响他人的力量。当我用自己的故事去激励别人时,我发现自己也在这个过程中不断成长和蜕变。我开始更加关注身边的人和事,用更加敏锐的眼光去观察生活,用更加细腻的情感去感受世界。

我通过微博知道了梦想清单理论体系的创始人——李婉萍,读了她写的书《敢行动,梦想才生动》。李婉萍的故事告诉我:梦想不是遥不可及的幻影,而是可以通过不断努力和坚持去实现的。她的故事给了我巨大的勇气和动力,让我相信自己也能够走出那条属于自己的路。现在,我希望通过我的故事和写作,激励更多的人去勇敢追求自己的梦想。

参与多门课程的运营和出书项目的经历,更是让我深刻体会到了写作的力量。我不仅通过写作提高了自己的能力和价值,还通过文字与更多的人建立了连接、产生了共鸣。每一次反馈和认可都是对我的鼓励和支持。我开始相信,只要我有勇气去尝试、去坚持、去分享,那么写作就会成为我实现梦想的有力武器。

04
写作建议:从 100 字写起

对于写作,我认为,写作不应该是一种负担,而应是一种享受。所以,我希望我的文字能够像一缕阳光,照亮读者的心房;像一阵微风,吹走读者的烦恼。

我的写作方法很简单,就是从 100 字写起。我不追求华丽的辞藻和复杂的句式,只求能够清晰、直接地表达自己的想法和情感。我相信,只要我们有勇气去写下第一个字,那么接下来的文字就会自然而然地流淌出来。

而写作的灵感,则来源于日常交流、阅读书籍与反思生活。我时刻保持着对生活的感知和好奇,从与他人的交流中汲取智慧,从书籍中汲取知识,从反思中理解自我。这些经历和感悟,都成为我写作的宝贵素材和灵感源泉。

对初学者,我想说的是:写作没有门槛,无须顾虑自己写得如何。你可以从写感恩日记开始,记录自己每天的感恩之事。这不仅能培养你的写作习惯,还能让你更加关注身边的小事,学会观察和感受。然后,一点一点打造自己的素材库,无论是生活中的点滴感悟,还是阅读过的精彩片段,都可以记录下来。通过不断积累和整合,你会发现自己能够写出越来越有深度和力量的文章。

"想都是问题,做才有答案!"这句话是我常常提的话。它告诉我,无论遇到什么困难和挑战,都不要只是空想而不去行动。只有真正去做了,才能找到解决问题的方法。

"你的日积月累,是旁人的望尘莫及。"这句话让我意识到,每个人的成长和进步都是一点一滴积累起来的。只要我们坚持不懈地努力,就一定能够取得属于自己的成就。

"以梦想为指引,用写作去探索,让行动成为抵达梦想彼岸的船票。"它激励着我不断前行,用写作去实现自己的梦想。我相信,只要我们心中有梦想、手中有笔杆、脚下有行动,那么梦想就一定能够实现。

写到这里,回顾我的写作之路,从最初的否定自己到如今的自信分享,我经历了无数的挑战和突破。正是这些经历,让我更加坚信:写作给了梦想一次落地的机会,只要你想,什么都能做到!

所以,亲爱的朋友,无论你现在处于什么样的阶段,都请勇敢地迈出第一步吧!**用写作去记录你的生活,去表达你的情感,去实现你的梦想。**相信我,当你真正开始写作并分享自己的故事时,你会发现这个世界变得更加美好和多彩!

我学会了用文字去记录生活的点滴，用文字去表达内心的情感，用文字去传递正能量。

我是写作者，
愿写出我的
百岁人生

潘可能

心派教育策划人
可能女人品牌创始人
多本畅销书联合作者

有机会参与《我是写作者》这本书的创作,出于一个一切都刚刚好的契机——感谢那天晚上海峰老师的邀稿,灵感仿佛从天而降,照亮了我思维的黑暗角落。当时,我正为在政协大会上的提案发言稿而感到有些焦虑,心中一片茫然,不知如何下笔。正当我困惑时,"我是写作者"这几个字跳入了我的眼帘,瞬间点亮了我内心深处的某个火花,让我找回了信心,思绪飞扬起来。那一刻,我知道,写作依然是我内心的召唤,它不仅能带给我力量,还能让我在纷繁复杂的生活中找到自己的节奏和方向。很快,我完成了提案,心中的迷雾也随之散去。

写到这里,我不禁回望快半百的生命旅程。这一程走得虽有些颠簸,却也充实。回顾过往,我经历过无数的跌宕起伏,也获得过温暖的力量和深刻的领悟。当我即将迈过五十岁的门槛时,心中依然充满了无尽的好奇与期待。

正如我在各个网络平台的账号名称"潘可能",人如其名,我总是有些不安分,与同龄人比,我多了一些冒险精神。这么多年,我好像从未停止过思考,总会问自己:新的一年,我会成为什么样的人?我似乎更忠于自己,并不断地实践和探索未来更多的可能性。为什么不呢?哪怕我快五十岁了,那又怎么样?

于是,我又开始思考,据说随着现代医疗水平的进步,人类大概率能活过百岁。那么问题来了,未来我的百岁人生如何才能过得更有意义?如何做一个更有趣的人?我又该如何书写我的百岁人生呢?

这些问题像一颗颗种子,在我心里悄然发芽,日趋成形。**五十岁,正是一个人生命中最成熟、最从容的阶段**。或许正因为经历了许多,我才明白,人生的意义,不仅仅是追求外在的成功与成就,还要学会如何活得有意思和有趣。

01

如何活得有意思：做自己，活在当下

每个人的一生都有太多的角色要扮演，尤其是像我这样的女性——既是母亲又是妻子，还是父母的女儿、同事们的"战友"等等，但千万别忘了，我们更是自己。我们不仅要在各种角色扮演中尽职尽责，更要时刻记得自己的需求、梦想和追求。作为女性，我们常常在无私地付出和关爱他人时，容易忽视自己的感受和愿望。然而，只有当我们学会关爱自己，尊重自己的内心，才能真正觉得充实与幸福，更好地扮演这些角色。我们不仅是他人的支柱，更要成为自己生活的主角，追寻属于自己的价值与意义。

我们要爱自己，将其他角色看作我们的分身，多一些视角去理解人、事、物，去看待这个世界，从而变得更加包容，少一些偏见。 每一个角色都是一面镜子，反射出我们对生活的理解与应对方式。当我们对自己充满爱与接纳时，我们才能以更加宽广的心胸面对世界，释放内心的力量。通过这种自我爱护与包容，世界也会变得更加温柔与美好。

快到五十岁，我意识到，"活得有意思"并不是指外界的荣誉和评价，而是能忠于自己的内心，去追求那些真正令自己感动、满足和快乐的东西。

我不再单纯追求外在的成功，而是开始学会放慢脚步，去品味生活的细节。每一天的早晨，我在阳光下喝一杯热茶，闭上眼睛感受空气的清新；每一个夜晚，我带着一颗感恩的心，回顾自己一天的收获与成长。五十岁，我希望自己能活得更加简单、真诚、有趣，不

再为他人的期待而迷失自己,而是为自己的人生写下更多的精彩篇章。

02
做一个有趣的人:保持好奇,永远学习

有趣的人生,并不是一味追求刺激或极限,而是在每个平凡的日子里,都能保持一颗好奇心,去发现新鲜的事物,去探索未知的世界。我常常想,如果能保持对事物的好奇和探索,那么每一天都会充满无限的可能。

对我而言,写作就是保持好奇心的一种方式。每一次拿起笔,我都在与世界对话,我不仅是在发表某个观点或记录某个事件,更是在与内心进行一次深刻的交流,甚至是在与宇宙中的某种力量对话。在这个过程中,文字成了我的心灵载体,它承载着我所有的思考、感悟、疑惑与梦想。无论是工作中的挑战,还是生活中的琐事,都能为我带来灵感与启发。即使到了五十岁,哪怕到了七老八十,我依然希望自己能像年轻时一样,保持对世界的好奇,去学习,去进

步,去用文字记录生命中每一个闪光的瞬间。

更重要的是,我也希望自己能在未来的百岁人生中,不断激发出更大的创造力。无论是写作,还是在其他领域,我都希望保持一颗"创新"的心。人不怕年老,就怕心态老去。做一个有趣的人,就是要有一颗永远年轻、充满活力的心。

03
百岁人生的畅想:活得有深度、有广度

关于百岁人生,我希望它不仅仅是一连串的事件和选择,更是一篇充满意义的文章——一篇属于自己的百岁人生文章。通过写作,我不仅是在记录时光的流转,更是在塑造人生的轨迹,编织出一个自己希望看到的故事。

对于百岁人生,我不仅憧憬自己能够健康长寿、安享晚年,更在思考如何活得更加有深度、有广度。活得有深度,是指能够在经历了许多风风雨雨后,依然拥有一颗平静的心,去感悟人生的真谛,去理解生活的深层意义。随着年龄的增长,我更加意识到,不是所有的事情都需要一股脑地去做,而是要学会放下不重要的事,去聚焦那些真正值得投入的事。

与此同时,活得有广度,是指在未来的岁月里,我希望自己能够继续走出去,去见识不同的世界,去接触更多的人,去拓展自己的视野。我不想让自己陷入狭窄的思维和固定的生活模式,而是要在每一个阶段,去探索新的天地,去挑战新的自我。

写作是我生命的动力,它不仅是我表达思想的方式,更是我走

向未来的桥梁。 我相信,未来的百岁人生,我将继续在文字中穿梭,去记录我的思想、我的感受、我的故事。同时,我也希望能够通过文字影响更多的人,激励他们在自己的生命旅程中,也能追求内心的充实与自由,做一个有趣、有意义的人。

04
生命的意义,就是不断书写

来到人生的半百之年,我不再执着于曾经错失的机会,也不再纠结于未来的未知。我开始更加珍惜当下,珍惜眼前的人和事。百岁人生对我来说,是一个不断创造、不断书写的过程,写下我生命中的每一篇章,记录我心中的每一段旅程。我希望我的人生,不是匆匆而过的瞬间,而是一本精彩的书,每一页都充满了激情、创造和意义。

未来的岁月,我将继续用文字去书写我的百岁人生,让它充满活力、有趣且有意义。 因为我相信,写作不仅是我的终身事业,更是我心灵的归宿,它让我在百年光阴中,留下最真实、最深刻的印记。

我坚信,写作给了我无限的可能,也为我的生命增添了永恒的光彩。

我可以,你也可以。

只需要拿起笔,写出你的心。

对我而言，写作就是保持好奇心的一种方式。

写作点亮人生

李 焱

领导多元文化团队的四大注册会计师
跨文化沟通教练
北大法学学士和欧美商学双硕士

01
成长在文字的海洋里

我的父亲热爱学习,攻读过包括中文在内的多个专业,是单位的笔杆子之一。我曾读过父亲写的一篇关于家乡的文章,他对故土的细腻描绘与深沉情感深深打动了我。在医院工作的母亲也爱写文章,我仍记得她认真地将自己发表在省市级报纸上的文章剪下并整齐地贴在空白本子上收藏。在工作之余,他们还购买了不少书潜心阅读。在父母的影响下,我也爱上了阅读。从儿时到步入社会,我先后阅读过古今中外的名著与经典,知名作家的散文、随笔、诗集以及名人传记、励志书等,还订阅过《青年文摘》《读者》《故事会》《演讲与口才》等杂志。通过阅读,我看到了一个五彩斑斓、充满人性光辉和力量的世界。阅读让我得以接触更广阔的天地,感知不同文化与思想,拓宽了视野。通过阅读,我不仅获得了知识,还与智者们对话,汲取他们的人生智慧。**阅读让我在生活中保持从容和淡定,"不以物喜,不以己悲",勇敢迎接生活中的每一个挑战。**沉浸在阅读中,我常体验到心流的愉悦感,甚至萌生过以写作为生的念头,希望自己也能创作出震撼人心的作品。虽然我的父母并没有直接教

过我写作,但阅读却在潜移默化中提升了我的写作能力。我还在他们的书架上发现了关于逻辑学和修辞的书,并认真研读,这也对我写作水平的提高起了重要作用。

"腹有诗书气自华",阅读的益处数不胜数。出于对阅读的热爱,我参与了李海峰老师和夏聪老师策划的"金句系列"三本书的出版,包括《金句之书》《读点金句》和《好书金句》,成为荐书官和编委。我希望与海峰老师的团队及热爱阅读的荐书官朋友们携手,尽绵薄之力,让更多人爱上阅读,并从中受益,感受阅读的力量。

02 点亮写作之光

在我上中小学的年代,还没有课外写作辅导班,写作能力的提升离不开校内老师的悉心指导。幸运的是,我遇到了三位对我影响深远的语文老师,他们的谆谆教诲至今犹在耳畔。我就读的小学、初中和高中,教育氛围轻松,以素质教育为导向,没有早自习,也没有需要做到深夜的作业,丰富的课外活动激发了学生的活力与创意。

我的小学语文老师兼班主任周健老师,在我们低年级时便带领全班同学养成写日记的习惯,并将优秀日记编辑成册,印发给大家。那时的我,看到自己的日记入选,欣喜不已,这份喜悦极大地激发了我对写作的热情。周老师就像大姐姐一样温暖地陪伴我们,在我们幼小的心灵中播下热爱文字的种子。到了初高中,我又遇到了两位语文特级教师。他们以生动活泼的教学方式,将课堂学习与课外阅读相结合,通过读写互动不断提升我们的语文素养。在老师们的培养下，我在写作方面取得了些许成绩。在初中，我的一篇文章被作为范文复印分发给同学们，毕业时以总成绩第一考入南师附中高中（放弃了本校高中保送和省三好生的名额）。高中时，我突发灵感写了一篇短篇小说，被校刊选中发表。作为一名理科生，我更专注于数理化成绩的提升，校外写作比赛甚少涉足，仅参加过一次学校组织的南京市中学生影评比赛，幸运地获得市级奖项并在全校大会上领奖。在高考语文考试中，我的小作文获得了满分。在中学培养的写作能力为我之后的大学学习和职业发展奠定了坚实的基础：在北京大学法学院求学时，我的学位论文获评优秀（导师为知识产权法专家张平教授）；出国留学前，我的托福考试作文满分；在国家市场监督管理总局标法中心所属的 WTO/TBT‑SPS 国家通报咨询中心任编辑期间，我与中央电视台新闻频道的记者合作编辑报道 WTO 相关新闻。**回首我的写作旅程，我的语文老师们点燃了我对文字的热爱，照亮了我的前行之路。**

03 重燃创作之火

跟随从事计算机技术工作的先生到北美生活后，我从零开始，重新学习并转行成为财税专业人士。以家庭为重心的我，在工作之余忙于家庭事务。此后，除了在朋友圈发过一些游记，便很少提笔。促使我重启写作的，是我的姥爷。疫情期间，国家推广中医药疗法。2021 年，母亲家族微信群里有人讨论亳州（华佗故里）一位记者报道母亲家族（中医世家）的故事，我才知道母亲的祖辈曾做过御医，医术高超。后因事被贬,举家迁到亳州,行医治病、修桥铺路、扶助乡邻。我的姥爷继承了祖业,十四岁开始研习医书,十九岁行医,将毕生献给了中医事业。姥爷曾被评为省卫生先进工作者,因用中药防治流行性乙脑成效显著而获省级嘉奖(当时没有乙脑疫苗)。他还结合传统医学与现代医学,治好了许多病人,并在医药杂志上发表多篇论文,与人合著《中医临床验方察》一书。此外,他作为城关中医院的院长,为了扩建医院,不辞辛劳、积极联系,感动了省卫生厅的领导,获得了经费和拨地的支持。经过三年,姥爷带领全院职工将地方狭窄、设备简陋、没有床位的小中医院扩建并改名成拥有一座门诊大楼和百余张病床的华佗中医院,缓解了当地群众的就医压力,它在后来获得省级"文明模范单位"的称号。为了发展中医事业,姥爷还致力于培养中医师。然而,在他有生之年,我并不知道他的这些事迹,母亲和家里的亲戚也没有提及过。在我的记忆里,姥爷是一个目光炯炯的慈祥老人,有时会被叫作李院长。我还记得姥爷家里挂着患者送的"神手妙术""青囊济世"的精美牌匾和表达感谢的锦旗,也见过交不起诊费的患者送来自家的鸡蛋和其他农产品表达感谢。小时候,我跟着父母从南京回姥爷家过年时,一家人围坐着吃团圆饭。姥爷见到我们孙辈,总是微笑着告诉我们要好好学习,做一个对社会有用的人。在了解姥爷的事迹后,我深感自己与他之间存在着巨大的差距。高考时,我与北京协和医学院失之交臂,未能成为救死扶伤的白衣天使。工作后,亦少有机会直接服务于大众。每当想起他对我们的殷切期望,我愈发意识到自己尚有很长的路要走。时光荏苒,我的两位表妹相继获得博士学位并从事教研工作:一个是已出版学术著作的研究员,另一个是获得多项发明专利的青年学者。表妹们曾以我为榜样,而现在的我感到和她们相比,自己需要继续努力。

我开始思考:除了做好本职工作,我还能做些什么。2006 年,我在法国获得国际商务硕士学位后回到北京,有幸进入跨文化管理培训专家黄伟东老师创立的业界领先的磊石跨文化发展有限公司工作。在跟先生去北美生活前,我就计划在这个领域深耕。在欧美工作和生活二十年后,我在跨文化沟通方面积累了很多实践经验,因此,我决定在我人生的下一个 50 年里多做分享,让更多的朋友了解跨文化沟通这个领域,更好地适应国外的学习、工作和生活。目前,我在朋友圈分享跨文化沟通的小知识和介绍欧美学习、生活的方方面面,日后打算通过自媒体更广泛地传播自己创作的内容。

为了推广和传播跨文化沟通,我成为李海峰老师和钱洁老师主编的畅销书《自由人生》的联合作者,通过该书分享自己的成长经历并探讨学习跨文化沟通的重要性。该书出版后,我收到国内和北美朋友们的积极反馈,非常受鼓舞。我写的朋友圈文章也获得了朋友们的点赞,我感觉自己被深度赋能了。当年在和中央电视台新闻频道的记者合作编辑报道 WTO 新闻时,我看到自己的名字出现在电视屏幕、报纸和网站上时,的确欣喜过一阵,但是并没有机会获得观众和读者们的反馈,而通过写作分享所获得的快乐让我重新感受到了文字的力量和写作的意义。写作者在照亮他人的同时,也会照亮自己。即使是微光,也能带来一线光明。

当今自媒体快速发展,写朋友圈和公众号文章,在自媒体平台发布视频、进行直播都是很好的分享方式。不要纠结于自己写作水平的高低,不管是出书还是发布自媒体平台内容,也许你的一篇文章或者一段视频就能给别人带来启发和温暖,或者创造价值——表达力就是生产力。可以阅读帆书(原樊登读书)和微信读书里有关写作的书,还可以加入口碑好的写作训练营，和喜欢写作的伙伴一起提高写作技能，人工智能也可以成为你写作的好帮手。即使工作忙碌，也可以利用零碎的时间思考和使用手机语音输入功能记录灵感。

亲爱的朋友们，让我们一起踏上写作之旅，感受分享所带来的快乐！

谨以此文向我的小学（北京东路小学）、初中（南京十三中——2020"阅读改变中国"年度书香校园和全国语文教改示范校）、高中（南师附中——教育部基础教育改革实验基地）的三位语文老师——周健老师、施茂松老师和龚修森老师致以诚挚谢意，感谢他们在写作方面给予我的深远影响与悉心教导，也向策划本书并借由"金句系列"图书推广阅读文化的李海峰老师及其团队致以衷心感谢和敬意！

写作者在照亮他人的同时，也会照亮自己。即使是微光，也能带来一线光明。

书写的力量:
从笔尖到心灵的使命探索之旅

李易遥

IP故事写作私教
性格天赋解读师
高级心理疗愈师

在喧嚣尘世的一隅,你是否也曾渴望一片宁静之地,让疲惫的心灵得以休息?当你提起笔在白纸上缓缓写下第一个字时,那种由内而外的平静与释然,便是写作独有的治愈力量。写作,不仅仅是一种表达方式,更是一个自我疗愈的过程。它像一位老朋友,静静地倾听你心底的声音,无论是喜悦的、悲伤的,还是迷茫的、困惑的,都让你产生共鸣。每一个字、每一句话,都是你与内心深处对话的桥梁,让你在纷扰的世界中找到自己的方向。

大家好!我是李易遥,现居北京,就职于一家世界500强企业,从事文字工作16年,是畅销书《行动的勇气》联合作者。在文字的世界里,每一笔每一画都承载着力量。书写不仅仅是记录,还是一种创造、一次自我发现的心灵成长之旅。希望这篇文章可以让你感受到写作带来的收获与成长。

01

童年时期的涂鸦:文字的启蒙

童年时期,我对文字充满了好奇。那时,我最热衷的事情之一就是涂鸦。我并不是在画些什么,而是在尝试模仿大人的笔迹,那些弯曲的线条和形状对我来说十分神秘。我的父母注意到了我对文字的兴趣,早早开始教我认字和书写。我还记得第一次写自己名字时的兴奋,也是我与文字结缘的开始。我喜欢拿着笔临摹周围的一切,沉浸在写写画画的乐趣中,常常能安静地伏案很久。**随着成长,我对阅读和写作的热爱并未减退,仿佛是上天的旨意,文字引领我走向知识的海洋,探索未知的世界。**

儿时,爷爷的日记本中密密麻麻的文字让我记忆犹新。那时,我与父母都把爷爷当作家族里明亮的精神灯塔,父母总是在我耳边说着他们父辈的故事。爷爷出生在战火纷飞的年代,他们的青春岁月是在毛主席的号召下度过的。自从十几岁离开家乡来到大城市打拼,爷爷就认真读毛选、抄毛选,用理论指导实践,凭借着对毛主席思想的深刻理解和坚定信仰,加之自身的智慧与勤勉,逐步构筑了自己的事业版图,还将工作的实践和感悟认真记录在多本日记中。虽然如今他已经离开我很多年了,但是每每看到那些文字,我仿佛都被带回到他曾经奋斗的岁月,他沉淀的智慧和思想也成为家族文化的一部分。

02
学生时代的日记:表达的开始

学生时代,我一直尊师重道,用父母的话来说,我永远把老师的话当作圣旨认真执行。我在每个阶段遇到的语文老师,都会给学生布置阅读与写作的规划任务。起初,我只是把它们当作不得不完成的任务,坚持长期订阅老师推荐的报刊,认真写日记、写作文,提高应试水平。在不断的阅读与书写中,我好像渐渐地找到了一些自信,尤其是当老师从众多作业中将我的作业作为范文展示时,我才知道自己的文字可以引发共鸣,仿佛冥冥中有股神秘的力量,让我的笔下偶尔流淌出不一样的风格。**每当灵感乍现之时,我就顺手用文字记录下属于自己的独有的情绪和感受。**

随着年龄的增长,我开始阅读更多的文学作品,品味不同作家的思想和情怀,感受字里行间传递的丰富情绪与人间百味,很多触动人心的故事给了我极大的启发和精神滋养。我在日记中开始尝试模仿、整合、重构,将文字排兵布阵,跟随内心,自由创作。这个过程充满了挑战,但也充满了乐趣。我学会了如何通过文字来探索自己的内心世界,以及如何将自己的想法和感受转化为有形的文字。

在文学领域里,史铁生是我一直很欣赏的作家。在首届华语文学传媒大奖年度杰出成就奖的授奖词中,对史铁生的评价是:"他的写作与他的生命完全同构在了一起,他用残缺的身体,说出了最为健全而丰满的思想。他体验到的是生命的苦难,表达的却是存在的明朗和欢乐。他睿智的言辞,照亮的反而是我们日益幽暗的内心。"少年时和成年后阅读他的文字,感受是不同的,成年后更能感受到好的内容值得反复品味。那些涉及命运、生死、爱情、理想等重大命题的内容,他通过坦诚温暖的文风和激励人心的人格力量,给人以智慧的启迪。他面对自身困境时所展现的豁达乐观态度,以及他对生命意义的深刻追问,让我深受感动。他曾提到,生命是一个不断超越自身局限的过程,这个过程充满了痛苦与挑战,但同时也蕴含着幸福的可能性。史铁生在经历了初期的绝望和反抗后,最终选择接受自己的命运,并在此基础上寻找生命的光芒。**他认为,接受残缺与遗憾是人生的一部分,只有这样才能真正感受到生活的美好与意义。**

03
职场写作探索之路:书写与心灵成长

理工科背景的我,在机缘巧合下,从事了十多年以写作为主的工作。在此期间，我最大的感触是，人的持续学习与成长才是终身的课题。写作是每个人都应该学习、锻炼的底层能力，文字不仅仅是沟通的工具，更是传递力量和情感的媒介。我在企业的多个岗位上锻炼，文字能力在不断的实践中得到了许多正反馈。作为终身学习成长的践行者，工作之余我还跟随专业老师系统学习性格天赋分析、心理疗愈、家庭教育、传统文化等很多知识，并借助文字媒介，触达身边有需要的人，并频频得到好评，极大地鼓舞了我在修己助人、成人达己的征途上继续坚持下去。

尽管，如今文字的传播影响力远远比不上视频，但我对文字的热爱依然深入骨髓，依然相信"走心"的文字可以抚慰人心、启迪思想。这个世界，没有表达，就没有出现；没有记录，就没有发生。每个人都有着各自的故事，也值得被用心记录。不要担心文笔是否华丽，也不要担心故事是否完美，最重要的是真实与真诚。当我回顾过往写下的很多文字，它们得到过来自老师的肯定、领导的认可、朋友的赞美、读者的欣赏、工作领域的荣誉和家人的支持，这为我的写作精进之路提供了不竭的动力。哪怕我没有科班背景和专业功底，也没有权威人士身份的背书，都不会影响我对文字的热爱与敬畏以及对真实世界、真实感受的记录与表达。**因为我深知，当我鼓起勇气写下来的那一刻，我就已经赢了。**

04
使命与未来：用文字的力量赋能有缘人

每个人心里都有一扇门，这扇门紧闭而神秘，藏着无尽的思绪与情感。每扇心门后都有一片属于自己的天地,那里有欢笑,有泪水,有梦想,也有遗憾。**在写作中,我们可以安全地探索自己的内心,还能提高我们的创造力和想象力,让我们的心灵更加丰富,我们对世界的感知也会变得更加细腻。**我愿做静静的观察者与记录者,如果你我有缘,或许我会悄悄用文字去叩门,听你讲述你的故事,与你探讨所思所想,寻找灵魂的共鸣,对生命之旅进行探索,用文字记录我们一起走过的时光。

如果说,上天给了我写作的天赋,那我希望自己通过写作这一神圣而富有力量的方式,去记录人世间那些丰富多彩、五味杂陈的故事。你有故事,我执笔待命。如果你选择相信我,那我定不会辜负你。我愿意以文入道,通过文字的桥梁,将你的故事与感受用心记录下来,让更多的人在你的故事中认识你、了解你、走近你,让故事跨越时空,触动人心,为这个世界增添美好,记录温暖与感动,带给需要的人勇气、力量与祝福。

纸上烟火,墨迹未干

你的故事流过岁月
执笔落墨承载思绪
字字都是心灵回响
句句饱含灵魂低语

你的故事穿过芳华
宛若音符沁人心脾
你的剧情仿佛珍珠

静待有缘之人洞悉
写你晨曦里的微光
如何照亮前方的路
写你暗夜喝下的酒
怎样在挣扎后崛起

字间的风你的气息
轻轻拂过泛起涟漪
笔下的雨你的泪滴
滚烫落下无声有力

写你走过的小村庄
哪怕每步都是崎岖
写你跨越的大西洋
承接大风大浪洗礼

有你青春年少的梦
满怀着惆怅与笑意
是你爱恨情仇的曲
渗透着跌宕的旋律

写你奋斗不息的歌
甘做那支幕后的笔
写你披上坚强的翼
用心记录鲜活的你

写作,不仅仅是一种表达方式,更是一个自我疗愈的过程。

7年8本畅销书——

我是作家，更是自己，

如何改写人生剧本

Angie（安姐）

IP商业导师
福布斯环球联盟创新企业家
出版过《副业赚钱》等八本畅销书的作家

在写这篇文章时,我还在筹划 2025 年我的"四十不惑"生日宴,不禁回顾自己这一路走来跌宕起伏的人生经历。

01
我的故事:没有,就去创造

我是 Angie(安姐),39 岁,两个孩子的妈妈,和先生的校园恋情修成正果,至今已经 20 多年。我是两个线上教育平台的创始人,首批福布斯环球联盟创新企业家,7 年写了 8 本书,帮助过无数人打造 IP,小而美地幸福创业,捐赠过图书馆、修桥修路,持续做公益。

我的平台上有来自全世界各地的优秀人才,如知名 IP 剽悍一只猫、写过 6 本畅销书的作家李菁等等,还影响和孵化了不同领域的优质 IP,助人达己,拿到结果,回馈社会。

看到这,你可能会想,这完全是人生赢家的剧本。其实不然,真相是我改写了自己的人生剧本。

我是在单亲家庭长大的孩子,父亲在我读小学的时候就因病去世,后来我没有像电视剧里演的那样,奋发图强,考上名校,只考上了广东一所普通的二本院校。

考上大学后,我的人生剧本开始发生变化。这部分的故事,我写在了我的第 1 本书《学习力》里,适合有梦想、想改变自己的每一位青年去细细阅读。

人生的创造之旅，基本不可能一帆风顺。这一路精彩纷呈，许多故事都在我的 8 本书里有呈现，欢迎你去品读。

02
作家之旅：从职场妈妈到畅销书作家

看到这里，我相信你除了对我的人生故事产生好奇外，对我的作家经历也会感到好奇。接下来，听我娓娓道来。

我在微信公众号后台经常会看到学员的留言："Angie 老师，读完了你的书，我有很大的收获，谢谢你写了这么棒的书。"这样的反馈常常会让我异常欣喜，自己的作品对他人有帮助，让我非常有成就感！

我也曾看到过这样的私信："Angie 老师，我翻看了你的朋友圈，看到你出了好几本书，觉得这样的经历离我很远。"完全可以理解！因为能出书的确实是少数人。我先生在他的朋友圈分享了我的书，还收到过让人哭笑不得的评论："你确定这是你老婆吗？"要是放到 8 年前，我想不到自己有朝一日会成为一位作家，而且还写出了 8 本畅销书。凭借第 1 本书《学习力》，我被当当网评为"2017 年十大新锐作者"之一，第二本书《副业赚钱》成为热销 50 多万册的超级畅销书。

我是怎么从一个普通人变为畅销书作家的呢？跟你分享我的故事。

8 年前，我还是一位职场妈妈，在工作之余开通了名为"Angie"的公众号，但很多人不知道的是，它是我做的第 4 个公众号，因为之前的 3 个都失败了。

"锲而舍之，朽木不折；锲而不舍，金石可镂。"**我认真思考了自己为什么想要开通公众号并持续分享，答案就是想要把自己的亲身经历和悟出的道理分享出来，帮助更多的人活出自己。**当你做一件事不只是为了自己，而是心里装着整个世界时，你的动力会大很多。

之前，我没有受过任何系统的写作训练，上一次写长文章要追溯到读书时代，但是，我下定决心要把公众号做起来，于是我在工作之余坚持写作。2016 年 3 月一个平常的早上，我像往常一样打开公众号后台，看到了一条留言："Angie，你好！我是中国铁道出版社的编辑 S，想邀请你出书。"

当时，我的公众号关注人数只有 3000 人。如果是你看到这样的留言，第一反应是什么？会觉得对方是骗子？会觉得自己还不够好、还不能写书？我的第一反应是：好的，我要跟她详细了解一下。后面发生的事，很多人都知道了，我和编辑 S 进行了沟通，开始写书，很快就顺利出版了我的第一本书《学习力》。

如果当初的我因为对出书抱有怀疑而犹豫不前，可能到现在我也不会成为一名作家。

03
机遇降临：相信比不相信多许多可能

"君子藏器于身，待时而动。"

第 1 本书出版以后，我和出版社联动，到几个重点城市的书城做了巡回签售会和演讲，获得了不少曝光，最重要的是拥有了出版社的公信力作为背书。

让我没有想到的是,我还获得了当当网"2017年十大新锐作家"的称号。

很快,我收到了更多的出书邀约,2年后出版了第2本书《副业赚钱》。这本书出版时,"副业刚需"一词成为热门词汇,我的书一开始没有像预想中那样大卖,但因为这本书确实干货很多,实操性强,销量慢慢起来了,一直畅销到现在,累计销售了50多万册。出版社的编辑团队还特地来到深圳和我见面,告诉我《副业赚钱》的销量非常高,成了一本超级畅销书。

成为畅销书作家给我带来了更多的机会,比如在参加各种公开活动时,当我说到自己是畅销书作家时,许多人都会投来佩服的目光。再比如,在很多人需要到处去找出版社出书、千辛万苦出了书却卖不出去的时候,我连续收到多家国内出版社的出版邀约。

经过仔细挑选和洽谈后,我和中信出版社合作出版了第3本书《副业思维》,和机械工业出版社出版了第4本书《向前》,一直到出版了第 7 本书,我在海峰老师的指导之下,带领我的 23 位安家人,一起出版了《真希望你像我一样只取悦自己》,第 8 本书是《做自己,其他的交给时间》。

在持续出书的这 7 年里,我深深体会到:**出书对于想要打造个人品牌的人来说,实在是太重要了。**

04

我是作家:著书立说,助人达己

一本书可以深远而持续地传达我们的观点,让更多的人了解我们,扩大影响力和获得背书。而且,好书会让读者全身心发生改变,我无数次收到读者发来感谢信,向我诉说读了书之后所产生的变化。每拥有一位读者,也是在种下一颗美好的助人种子。

出版一本书后,如果内容足够好,你会在许多线上渠道看得到它,比如微信读书、当当云阅读等等,这些都是在多渠道增加个人品牌曝光的机会,比如我的《副业赚钱》被数十个知名平台推荐过。但是也告诉大家一个事实:普通人想要出书确实不是一件容易的事,我自己也在出书的过程中掉过各种各样的坑。

很多人的问题在于连长文章都写不出来,在他们的认知里,出书简直是做白日梦。而想要打造个人品牌的你已经意识到了会写作、能写出好文章的重要性,这恰恰是你的机会!稀缺是最好的价值。

在写这篇文章期间,恰逢我的一位学员想想,她是一名企业高管和连续创业者,从合肥来到深圳和我见面。我问她是如何知道我的,她告诉我在 2023 年 7 月,她在抖音上看到了我的《副业赚钱》一书,报名了时间管理课。就在见面的前一周,她加入了年度私教,短短几天的时间,在我们的多对一陪跑帮助之下,她孵化出了自己的项目管理课。我和她一起连麦一个小时,卖出了近50份课,陪伴她打通了商业闭环,实现了真正意义上的双向奔赴。

书是双向奔赴的最好渠道。如果你恰好看到了我的这篇文章,这是你和我的缘分,也祝福你早日实现自己的出书梦想以及其他的人生梦想。

做一个对别人有用、持续分享自己故事和观点的人,幸运又幸福。

如果当初的我因为对出书抱有怀疑而犹豫不前，可能到现在我也不会成为一名作家。

书是最好的
社交货币

傅一声

国家高级互联网营销师
知名培训师与企业顾问
第八届"当当影响力"作家

我是写作者傅一声，5年出5本书。我为什么要这样"卷"？出书对我有哪些用途？我的故事是很多写作者的缩影，或许能给其他创作者一些启发。

我在2019年写了第一本书《鱼塘式营销》，这本书重印了9次，对于我这个素人来说算是"开门红"。之后，我保持着每年一本的创作量，前三本书是和搭档曹大嘴老师合著的，《运营之巅：非互联网行业的新媒体运营》与《官宣：如何做官方宣传》是我独著的。"万事开头难"，对于从来没有出过书的人来说，出书真的非常难，合著是快速入局的"钥匙"。说实话，每年出一本书，压力特别大，无论是写作压力，还是推广压力，但我为什么还要这样做？**因为我很早就意识到——书是最好的社交货币！**

01 打造社交货币

什么是社交货币？社交货币源自社交媒体中经济学的概念，它是用来衡量用户分享品牌相关内容的倾向性问题，利用人们乐于与他人分享的特点，来塑造自己的产品或思想，从而达到口碑传播的目的。这个解释是不是很抽象？**简单来说，在人际关系中，社交货币是指能用来与他人交往、交流、交易的一切非法定货币社交资源或能力，包括情感、人格魅力、信誉口碑、圈层认同、权利地位、信息知识、技能经验、经验观点、研究成果等。**举个例子，大家都听过刘备"三顾茅庐"请诸葛亮出山的故事，刘备在与诸葛亮合作的过程中就用到了多种社交货币，刘备的社会地位与诚意是社交货币，诸葛亮的"卧龙"名望与才华是社交货币……

2019年,我转型为一名职业培训师。那时,我就意识到,我非常需要一本书来作为我的社交货币。因为对于培训师而言,最大的交易成本是信任成本。如果客户对你充满信任,所有的事情都很容易;如果客户对你不信任,所有环节都会很难推动,结果还不见得好。事实上,不只是培训行业,所有的高端服务业,甚至所有的行业都是同样的道理。为了降低信任成本,我开始写书,我主讲的课都有对应的书。我讲"线上线下营销"的课程,于是就出版了《鱼塘式营销》和《大客户营销》;我是职业讲师,就出版了符合我身份定位的《转型培训师》;我讲新媒体的课程,就出版了《运营之巅》;我讲 AI 和宣传的课程,就出版了《官宣》。"人、课、书"合一,因为成功打造了社交货币,我的业务增长和口碑传播便非常轻松,在行业内迅速崛起。

如何让客户深度认识并信任你?书在这个过程中是如何起作用的呢?

02
完成自动成交

销售过程通常分为售前、售中和售后。售前,书是特别好的"背书"。别人通过阅读书中内容,能够树立你十分专业的认知,加深对你的了解,通过看书就已经建立了前置的信任。如果他还在书里头找到了他的痛点,获得了启发,甚至直接挖掘出了需求,找你直接谈合作细节就更好了。而且,我会在书中放大量的客户案例,更加容易引导客户产生共鸣和对标。书是自动成交的工具。对于售后,书可以代替我和客户在一起。客户看到书,就会想到我,书让我能够以更便捷、更低的成本来陪伴和帮助客户。

我没有做销售,书却帮我做了销售。书作为我的"化身",让信任增长,让关系增值。作为人际关系中的货币,书不断存储,不断流通。关键是,我的主要付出只在写书阶段,出版后的边际成本几乎为零。

我在《鱼塘式营销》中提到两个很重要的概念:第一个概念是"钓鱼",也就是把客户从别人的"鱼塘"钓到自己的"鱼塘"里来;第二个概念是"养鱼",也就是持续和客户在一起,增进信任。如何"钓鱼"?如何"养鱼"?还有第三个重要的概念——"鱼饵"。只有合适的饵料,才能钓到鱼,才能养好鱼,而书正是最好的万能鱼饵。

03
书是"万能的鱼饵"

我是教新媒体的老师,在我看来,无论是新媒体还是传统渠道,本质上都只是传播渠道,书在这些传播渠道中既可以带来流量,又能够精准引流,简直是"万能的鱼饵"。

我的很多客户都是我的读者,他们通过书认识我,然后产生了后续的合作。就在我写这段内容的当天,我收到一个微信好友的添加通知,对方告诉我他是中国移动某市的市场部经理,公司计划2025年加大直播带货销售和微信运营的力度,他在书里寻找答案,得到了很多启发,所以他希望邀请我来为他们团队培训。对于客户而言，花费最低的试错成本，找到了合适的老师；对我而言，获得了客户与订单。双方实现了共赢。

书有书的销售渠道，如新华书店、各大购物网站等，这些渠道我们并不需要自己投入与推广，却能为我们引流，吸引客户，简直是"一本万利"。在我们自己的渠道，例如私域、人脉圈子等，可以将书作为"引流品"使用，同样实现引流与转化。

04 书是转介绍利器

再讲一个案例，有一次我在北京给中石油的员工上课。有一位中石油某省公司负责新媒体团队的普通员工，她看完我的书以后，觉得内容太好了，于是想请我去他们省公司做培训。作为一名普通员工，她并没有决策权，需要说服领导，让领导觉得有必要做这个培训。这是有难度且要承担风险的，于是她在网上买了一本《运营之巅》送给领导，领导看完以后，大为惊喜，不仅夸赞员工爱学习，而且立马着手安排培训，亲自协调资源，十分重视。用我的书来替她说服领导，真是好思路！

除了用书来替我们说服他人，书还是转介绍的利器。人们总是乐于分享好的东西，书可以借由读者的口碑传播，流向更多需要它的人。到这里，你会发现，书不仅是作者的社交货币，还可以成为更多人的社交货币。

05 书是联结神器

生活中,书同样是极好的社交货币。

假如现在你要参加一个聚会,有一个互换礼物的环节,你会准备什么礼物?如果礼物太贵重,一来别人收起来有压力,二来送很多人的成本很高;如果礼物很普通,又显得不够重视,或很容易被人遗忘。我常常收到一些伴手礼,例如蜡烛、香薰、香水、手办等,我拿回家以后往往不知道该放哪儿。我相信很多人也是如此,明知道那是别人的一份心意,但常常搁置一边,任其蒙尘。有没有这样一个东西,它很有价值、有排面,经济实惠,还便于携带?有,那就是书。在我看来,书是最好的礼物,没有之一。如果还是你写的书,朋友们收到以后会非常感动,往往摆在自己的书架或者办公桌上。书的价格不高,却极具价值,而且即便历经数年,其价值还在。

我在上海交通大学上工商管理硕士(MBA),MBA同学之间的联结非常重要。用什么来联结呢?大部分人用吃喝玩乐来联结,时间成本非常高。在我《官宣》这本书刚上市的时候,我给同班同学和社团的同学送了书,这是第一次联结。同学们收到书后纷纷找我签名,这是第二次联结。当他们看了书,有收获,给我发信息表示感谢,或者和我进行深度交流,这是第三次联结。如果他们发现某些内容对同事、朋友也很有用,于是买书送给他人,一般会顺便跟我说一声,这就是第四次联结。用一本书,竟然可以达到四次联结!

我有一些铁杆粉丝,每当我出新书,他们都会买几十上百册,请我签好名,虽不是他们自己写的书,但仗着和作者的交情好,连带着我也成为他们的社交货币。

正是因为这些原因,所以我一直写书,而且一定是写好书,对得起自己,对得起读者,对得起所有用于印刷的资源。

即便我是一个专业的自媒体人,我的日常写作量非常大,可每当写书的时候,我依然感到无比的焦虑。不是因为我没有灵感,而是因为我无形中会给自己压力。做难而正确的事,每一次写书,都是一次凤凰涅槃。

即便写完了书稿,不过是"九九八十一难"刚过了第一难,后续的与出版社合作、新书推广仍然有很多的挑战。如果能有一个贵人、一个引路人,那是莫大的幸运。很幸运,李海峰老师就是我的引路人,我的第一次出版、第一次宣传推广,甚至第一份海报,都是他亲自示范与指导的。能够在李海峰老师的带领下出书,极其幸运,倍受鼓舞!

只有合适的饵料，才能钓到鱼，才能养好鱼，而书正是最好的万能鱼饵。

7年写200万字，

出版了5本书，发出100多万元

稿费，打造个人IP的3个超级心法

韩老白

销售文案操盘手
《高能文案》等四本书作者
个人品牌故事专家

这是一篇揭秘我是如何从单打独斗的自媒体个体户到现在拥有线上 5 人团队、7 年发出 100 多万元稿费的作家 IP 的文章,主要涉及 3 个超级心法:认知高维化、创作商业化、复利杠杆化。

这篇文章,我写了 5 天,但其中的认知,我花了整整 7 年来领悟。

01

韩老白 1.0:女性的我,拼体力,死磕一年半,干掉懒怂肥

32 岁之前,我是 365 天吼娃的妈妈、妻子、女儿、打工人、武汉的儿媳妇。在杭州工作了 4 年半后,任性地辞职,生完孩子(2014 年),家庭负债已经超过 100 万元,体重也飙到了 130 多斤,没有一点亮眼的成绩支撑我出去找工作,整个人十分焦虑。孩子仿佛也感受到了我的糟糕心情,春夏秋冬四季都要生病。直到我回到湖北老家,看到妈妈一家人一直挤在一个 50 平方米的老破小房子里,连多放一个垃圾桶都嫌占地方时,我瞬间崩溃了。

我开始拼体力,死磕,在简书每日更新,有时候甚至每日更新两篇文章。但是现实却给了我一记重拳,在坚持写作的一年半里,除了参加平台的征文比赛的稿费、亲人的打赏,我没有任何收入。一年只赚了 3000 元! 靠写作变现成了我一个遥不可及的梦。

不甘心的我开启了各种报课和参加训练营的模式。在各种学习班里,尽管我交作业很及时、每日更新公众号,但对于写作变现,我依然迷茫,没有找到自己的方向。

无数个夜晚,我独自一人崩溃大哭,是我不够努力吗?问题到底出在哪里?

我开始思考,做自媒体这么难,还要不要坚持?

02

韩老白 2.0: 文艺的我,拼智力,撬动富人思维,击穿高价值定位

我一直在简书埋头写作,但没有运营好自己的自媒体账号,我的公众号一年运营下来只有 2000 个粉丝。我看别人就是这样坚持每日更新的,他们能成功,为什么我不行?

一个人赚不到认知以外的钱,甚至只会越学越焦虑。

想要写作变现,我的平台选错了,我的变现模式错了,最糟糕的是,我完全没有个人品牌,别人想找我下单都没有途径。

别人的脚走不了自己的路,没有方向的努力,只是在自我感动。一位贵人在他的线下课上递给我一张纸条:"韩老白,你要写具有商业价值的文案(不然会穷死! 后半句是我自己加的)。"于是,文案女王的定位让我彻底抛弃那个只知道埋头死磕的自己,在商业写作的

路上日夜精进。

锁定目标后,我一口气花了10多万元报名商业写作课,购买了1000多本文案、心理学相关的图书,逼自己在文案的道路上一骑绝尘,彻底甩开"小白"。

我每天努力拆解50篇文案,有时候一天接3个文案,不管稿费多寡,就算不吃饭也要当天写出初稿。有时,一天重写3次、修改10来次都没有一句怨言。

写作不仅疗愈了我,还让我用一支笔描绘出了精彩人生,从逆境中破局。

因为写文案,我与一个又一个大人物进行了合作,帮助他们卖课、卖产品,看到他们喜笑颜开,招生无数,还收到他们的感谢和推荐,坐在电脑前面双眸闪光的我比他们还要激动。

因为写文案,我从一个籍籍无名的爆文写手成长为年收入达百万元的新媒体文案培训师。这条路,我走了整整1000多天。而被我的团队包装过的那些普通人,也因为一篇全新的个人品牌文案,从此之后,人生剧本被改写。

可是,我很快又遭到了生活的暴击。2020年1月,疫情突然暴发,每个月2.5万元的房贷全部压在我一个人身上,我每天还要给孩子的网课打卡,那段时间,我瘦了10斤。幸好我一直都是线上教学,我举办了心理读书会,让武汉学员半价报名,与知名职场IP秋叶大叔合著了一本书,开办了两期训练营,最后利润不降反增(因为没有地方花钱)。

我发现,能做出这些成绩,都是因为我长期对私域的维护和多平台不断输出文章的复利效应——信任成交。爱因斯坦说过:"复利是世界第八大奇迹。"知之者赚,不知者被赚。

做个人品牌,尤其做知识产品的人要知道,知识的确可以变现,但是不会马上变现,而是通过复利的形式,给你回报。

一个人让自己变得更有价值的方法是:高价值定位＋复利效应＋抓住风口。于是,我开始每天多花一个小时,持续地输出文案、运营、副业变现方面的内容,抓住了微信生态创业的小尾巴。

(1)图文平台风口(如简书、公众号、头条号、知乎、饭团等)。2018年,我开始在饭团等知识付费平台输出写作内容,累积写了100000多字,学员从40人疯涨到1000多人,收入突破50万元。我发现了写作真的能变现,学员写文案自发地帮我宣传课程。

(2)微信私域风口(如社群、朋友圈)。2018年,我创办了年度写作社群,连续开办12期文案私房课,加满了6个微信号的好友,加入了上千个社群,共计服务10000多名学员,7年发出去稿费100多万元。

(3)出版风口。我独立创作了《高能文案》,合著有《给自己1小时》等书。我受秋叶大叔的邀请,一起撰写了双一流大学教材《新媒体文案写作》,成为副主编,并在2021—2024年连续四届当选当当网年度影响力作家。同时,我的学员们也陆续出版了《愿你慢慢长大》《每一天都活得热气腾腾》等书。

(4)视频号直播风口。短短一个月时间,我开通了视频号银V,关注人数翻了100倍,直播了30多场,邀请了许多大V连麦,激活了私域和朋友圈,在双十一文案私教班创造了40多万成交金额(GMV)。

(5)小红书风口。2024年下半年,我培养了一支内容服务商"铁军",专门为10余位甲方账号生产爆款公众号、小红书、视频号文案脚本,接单接到手软。

但是彼时的我,完全靠自己单打独斗,既要审稿也要写稿,既要讲课也要直播,经常深夜给学员复盘、点评、改稿,生病了一直拖着,不去医院。直到有一天做完直播后,我累到大出血,半夜被救护车紧急拉到了医院。

于是,我强迫自己每天醒着时2个小时不看手机,我深深地思考:为什么我的创业节奏是一直不停地奔跑,问题到底出在哪里?

答案是:我的商业模式必须升级了!我一直在用低级思维打工,真正的商业闭环应该实现财务和时间的双向自由,而不是什么都自己扛。

03

韩老白3.0: 商业的我,拼人力,爆破社恐舒适区,打造复利杠杆

在这7年自媒体创业的每个日日夜夜,我努力克服"社恐",去全国各地学习,融入不同圈子,培养团队和学员。

商业奇书《纳瓦尔宝典》里有这样的观点:人生杠杆有三种,劳动力杠杆、资本杠杆,而第三种杠杆最后出现,也是普通人触手可及的,那就是"复制边际成本为零的产品",比如书籍、媒体、代码、电影。

撬动时间和财富的杠杆,我把它总结成了一个模型——冰山双塔模型。冰山以上,打造影响力;冰山以下,打磨"钞能力",实现IP多维化。

只有一个维度的IP,没有足够强大的商业潜力,一个商业个体应该在多个平台与多人合作,打造全媒体的内容,如视频、语音、文章。

打造个人品牌不仅仅采用"钞能力"(卖的能力)和影响力(内容

的能力)这2个超级杠杆的组合拳打法,更需要长期主义与短期目标的双剑合璧,才能让你弹无虚发!

成为韩老白3.0的这一年,我成立了白里挑一文化传媒公司,有线上5人团队、100余人的文案商业写手团队、60余位项目合伙人,孵化出了许多作家、培训师。

我成为网易云课堂等平台"短视频文案赚钱课"主理人,登上《中国培训》杂志第六期封面,被聘为某独角兽服装公司电商文案顾问,帮助知音传媒、方太集团、牛学霸等500多个IP及B端企业打造个人品牌故事和产品文案,个人品牌商业咨询累积服务40余人,共计500多个小时。我对于新媒体运营,如视频号、小红书等平台的内容营销都有洞察和实践。

心态决定状态,格局决定结局。勇气就是一个人最大的资产,未来,你要不要换一种活法试试?

我即将迈入四十不惑之年,即使工作的PPT要看,孩子的作业要看,账单要看,父母的体检单要看,可是我不怕,因为我已经找到了撬动人生的杠杆。

陈继儒曾在《小窗幽记》中写下"人生三愿":"一愿识尽天下好人,二愿读尽天下好书,三愿阅尽天下好山水。"

未来,我要和你一起读好书、交诤友、见世面。

人生是一场拾级而上的旅程,勇敢的人先享受风景!

写作不仅疗愈了我,还让我用一支笔描绘出了精彩人生,从逆境中破局。

写作给我带来的改变

弗兰克

《爆款写作课》《多卖三倍》作者
第九届"当当影响力"作家
增长顾问

01
如果不写作,我会失去什么

我会失去现在和你交流的机会,因为此刻的我可能在看短剧、唱歌、喝酒,或者在带孩子。

我会失去一个新世界,不知道原来还有不一样的活法。30岁那年的某个周一,我请假去拜访一个创业者,那是我作为一个"上班族"第一次除生病之外在周一请假。那天,我发现,居然有女性不上班,全职带孩子,居然有人在星巴克闲聊,居然路上有那么多车在行驶!这些人都不用上班吗?他们是怎么赚钱的?我满脸疑惑。

你可能会笑我,觉得我怎么这么幼稚。这个世界本来有很多赚钱方式,有人出生在罗马,有人出生就含着金汤匙,有人动动手指、动动嘴就能赚钱。在写作之前,我不知道这些,天真地以为全世界的人都需要坐在办公室里,都需要打卡上班。我没接触过保险、房地产、金融、矿产、电商等等行业,无法感知多彩真实的世界。

我还会失去什么?我还会失去做一个让小孩竖起大拇指的父亲的机会,失去让他们骄傲的机会,因为我平凡得不能再平凡。现在,我出了两本书,一本被央视推荐,一本破圈后被阿里巴巴前老大哥认可。我不用打卡上班,通过敲击键盘,就有全世界各地的客户找我,还有人愿意给我几十万元,请我当顾问。

02
写作,让我实现梦寐以求的盲打

写作让我获得了什么呢?写作,持续写作,首先让我实现了梦寐以求的盲打。现在的我不用看键盘,双手放在键盘上,噼里啪啦地敲几分钟,一段有价值的文字就出来了。

盲打,让我获得了另外一种自由,让我实现手写我心,聚焦思考,把脑袋里混乱的思绪整理成一段段有价值、有逻辑、有情感的文字,通过互联网和全世界各地的人交流。

无法想象,如果让我用笔去写 1 万字、100 万字是多么痛苦,但从 33 岁到现在,我已经通过键盘输出超过 1400 万字!

03
写作,让我有勇气在 35 岁时辞职,选择另外一种活法

现在,互联网上关于 35 岁最热的话题是中年危机。

我 33 岁时从 0 开始写作,写了 100 篇文章,收获 10000 元的打赏,然后分析用户打赏背后的行为动机,找到新媒体写作的核心。

34 岁时,我教人写作,利用下班时间,一年赚了 30 万元,给了我很大的信心和勇气。

35 岁时,我误打误撞策划了 5 分钟读书会,一天赚了 20 万元。我在职场外找到了另一条路,原来我不用打卡,不用发邮件,不用开会,不用处理复杂的人际关系,也可以赚钱,于是我选择辞职,做内

容创业。

36岁时,我人生的第1本书被央视推荐。40岁时出了第2本书,卖了5万册。

我的第一本书出版两周后,有2000万粉丝的年糕妈妈品牌的编辑主动找到我,约我做一门写作课。我去北京和她们团队磨合,4个月之后,产品上线,卖了接近8000份,创造了300多万元的销售业绩。出书后,荔枝、静雅思听、蒲公英学堂、开单助手、华埔学堂等公司的合作合同接踵而来。我不再是没头衔、没有一技之长的打工人,我登上《中国培训》杂志封面,站上混沌课堂的千人大舞台。

不敢想象,一个普通的上班族,不仅出了两本书,而且在深圳还养了三个小孩。十年之后的今天,我去了儿子的班上,当着老师的面,给儿子和他的同学们讲如何从现在开始写一本书,成为一个作家。儿子脸上有光,我也觉得很自豪。

04
写作,让我实现有效社交、高效社交

我是一名理工男,不善言辞,不善人际交往,不懂人情世故,木讷,呆板,一根筋……说的就是我。我唯一的优势就是有耐心,有耐心去钻研一件事。

很多人做事只有三分钟热度,无法坚持。在我看来,坚持不了是因为没有从这件事中获得足够大的好处,或者说没有因为做这件事赚到钱。

因为我研究新媒体写作,研究传播规律,研究文案,所以我明白

了人际交往的核心是吸引、打动和说服。通过新媒体连接真实的人,实现商业价值交换和情感价值交换。

写作、出书、讲课,让我破圈,认识了超出我原来圈子的投资人、创业者和其他优秀的人。

当我出版《多卖三倍》之后,阿里巴巴中供铁军、河北区域前经理何长星老师主动找到我,说:"这本书可以做销售内训手册,销售老炮尤其要读。"他买了500册,送各个行业的老板。

以前,我的社交是去大排档、读书会、游泳俱乐部、唱歌;现在,我的社交是发微信、打电话、开腾讯会议,有重要的事务,再线下约谈,简单高效。

05
写作,让我活得更清醒、更通透

"人无远虑,必有近忧。"写作让我在遇到问题时,不用看心理医生,不用烦躁不安、抱怨吐槽,只需一张纸、一支笔,或者打开电脑,开始敲击键盘,分析问题,解决问题,不会一直内耗。

在人际交往上遇到困难,我会反思自己的动机和现状,自己得出答案,比如放下对他人的期待,放下助人情结,永远对自己有期待,对自己有要求。

遇到更大的冲突和矛盾,通过梳理和输出,我明白,一个人要好好处理以下五种关系。

和自己的关系,好好成长,不内耗,接纳情绪。

和朋友的关系,感谢帮助自己的人,特别是在我弱小时,还愿意帮助我的人。

和金钱的关系,关注客户,关注他人的利益。

和家人的关系,让他们开心幸福,多赞美,少抬杠。

和身体的关系,跑步瘦身,深呼吸,取悦自己,多吃好吃的,没病没痛。

也更加明白如何更好地和他人建立密切关系。

(1)产生利益联系,大家一起赚钱。

(2)雪中送炭,患难时候见真情。

(3)知根知底,长时间相处,知道对方是什么脾气。

(4)相互认可,相互欣赏。

这些都是写作给我带来的收获和改变,让自己变得更有价值、更自信、更通透,让自己身边围绕更多优秀的人。

写起来吧,我的朋友,不发声等于没有发生。哪怕给书拍个照,写一段心得感悟,都有可能成就一段美好的关系。

写作让我在遇到问题时，不用看心理医生，不用烦躁不安、抱怨吐槽，只需一张纸、一支笔，或者打开电脑，开始敲击键盘，分析问题，解决问题，不会一直内耗。

从程序员到畅销书作家，写作10年如何改变我的人生轨迹

安晓辉

职业规划师，写作教练
第十届"当当影响力"作家
著有《AI自媒体写作超简单》
《这本书能帮你成功转行》
《副业赚钱之道》等图书

2013年，我33岁，是一名默默无闻的中年程序员，和大部分"996"的程序员一样，写代码、补漏洞、熬夜发布软件。

现在，我是职业规划师、畅销书作家、写作教练。我一边做职业规划咨询，一边写作和教人写作，做的是自己想做的工作，过的是自己想过的生活。

今昔对比，如此巨大的变化，其实都是写作带来的。

01
写作带给我作者身份，帮助我换工作，收入翻番

我大学毕业后从事的第一份工作是售后技术支持，负责程控交换机的维护工作。干了2年多，觉得没意思，也没前景，转行做了软件开发。

软件开发也是非常普通的工作，拆需求、写代码、补漏洞、发版本……这样的工作，我从2005年干起，一直干了12年。

到2013年的时候，我33岁了，担任公司研发部门的经理。我的上级是公司的技术副总，副总不走，我就不可能晋升。于是，我就进入了瓶颈期，不管是职位还是收入，都卡在那里不动了。

发现了这点，我就开始思考人生了，琢磨一辈子做程序员是不是自己想要的。思来想去，觉得一辈子被人称作"安工"并不是我的理想状态，我的人生应该还有其他可能性。于是，我就准备利用业余时间做一些不一样的事情。

想来想去，想到我在2005年开始学软件开发的时候，看过《深入浅出MFC》这本书，曾产生过一个想法：我将来是不是也可以写这样

的书呢？我忽然觉得，是时候试试了！

我就开始行动起来，把我在工作上积攒的一些经验、解决过的一些问题写成文章，发布到CSDN（一个面向程序员的专业技术网站）上。

当时写的文章极其简单，和工作日志类似。举个例子，我解决了一个软件缺陷，就写这个缺陷是什么、怎么解决的、贴上几行代码，这就算是一篇文章，和流水账差不多。想不到的是，神奇的变化发生了：我一开始写两三百字，后来写五六百字，再后来，两三千字的文章都能写出来。

后来，我有一篇从0开始讲解Qt移动开发的文章被电子工业出版社的编辑高洪霞老师看见，她给我发站内私信，问我愿不愿意写一本Qt主题的图书。

机会就这样来了！我人生的转折点出现了！

我非常兴奋，爽快地接受了高老师的邀请，用6个月的时间，拼死拼活写完了人生的第一本书——《Qt on Android 核心编程》。

这本书出版之后，我个人的工作很快发生了变化——有一家公司因为要用Qt这种技术，通过这本书找到我，邀请我加入。这家公司给我提供了两倍于原公司的薪水，我开开心心地跳槽了。

我因为写作，出版了图书，拥有了作者身份，能见度和辨识度提升，因此换了工作，打破了收入瓶颈。这是写作给我创造的第一个人生拐点。

02
写作帮助我成为职业规划师

2015年,和两位同事一起创业,我负责招募研发团队。公司小,招人困难,我就在软件园旁边,每天中午找人聊天吃饭,希望通过打感情牌挖到合适的人。

在这个过程中,大家常和我聊起诸如"30多岁了,软件开发还能干多久?""将来不做软件开发了,还能干什么?"这样的话题。我意识到这类问题具有普遍性,于是心里萌生了一个想法:如果我能帮大家解决这类问题,也很有意思。

我就去了解了一下,结果发现真的有一种职业就叫生涯咨询师或者职业规划师,他们专门帮人梳理职业方向、制订发展策略。

我对这个职业很感兴趣,专门跑到上海参加培训,学习职业规划技术。花了2万多元,学完了技术,心却凉了,因为我发现根本找不到客户。

咨询很特别,你很难主动出击开发客户,你不大可能像房产中介拉着人问你要不要买房那样,随便拉住一个人问你是不是失业了,要不要做个咨询?如果你这样子去做,大概率会被人骂。

我们当时一起在上海参加培训的30来个人,都面临客户开发的难题。就因为这个难题,大部分同学后来放弃了职业规划咨询。克服客户开发难题、成功走上商业咨询道路的,只有寥寥两三个人,我是其中一个。

我是怎么穿过暗巷,找到光明的呢?

很简单,靠写作。

我把学到的职业规划技能点,比如生涯平衡单、生命线技术、成就事件分析等,写成文章,发布到公众号"安晓辉生涯"上。读者看到后就知道了,安晓辉除了是个程序员,能写代码,他还懂职业规划,还能做咨询。于是当我的程序员读者们有职业发展方面的困惑时,就会想到我,觉得我既懂职业规划,又有软件开发背景,肯定比没有软件开发背景的咨询师更懂他们,就会来找我咨询。我的客户就这样来了。

你看,就是写作帮助我完成了职业身份的转变。这是它给我的一个非常重要的帮助。如果没有写作这个能力,我很可能会像我那几十个同学一样放弃职业规划咨询。

03
写作支持我走上自由职业道路

2016年9月,我女儿上了小学,每周一、二、四下午4点45分放学,周三、周五下午3点半放学。

我和妻子两个人带孩子,我们都在企业里上班,很难每天下午请假出来接孩子,于是我们就把孩子放到了托管班。放了一段时间之后,我们发现孩子的学习和生活习惯都出现了问题,我就产生了一个想法——做一个自由职业者。这样的话,我就可以接女儿放学,照顾女儿。

我回顾了自己从2013年开始走过的路,发现到2016年,我已经出版了《Qt on Android核心编程》《Qt Quick核心编程》《你好哇,程序员》《解忧程序员》4本图书,而且还给《程序员》杂志写专栏,一个月写两篇文章,拿 1000 多元稿费。

然后我就琢磨从事自由职业后的收入情况:写作可以带来咨询客户,有咨询收入;每年写一本书,能拿版税;写一个专栏,可以拿稿费。这些平摊到每个月,应该能有五六千元。

评估之后,我觉得虽然收入比工作时少了许多,但获得了自主和自由,还可以照顾女儿,值得一试。而且,万一我辞职后,靠写作获得了新发展呢!

我和妻子交流了想法,达成共识后,我就着手准备离职。

2017 年 7 月 5 号,我离开了公司,走上了自由职业道路。

这是写作第三次带给我新的人生可能,让我自主工作,自由生活。如果没有写作,我现在还在公司里朝九晚八地上班。

04
写作让我成为教练,能够帮助别人改变

在 2019 年之前,我写的书要么是专业技术图书(如《Qt on Android 核心编程》),要么是面向技术人员的职场书(如《程序员的成长课》),就是说,我一直在 IT 圈里打转。我不甘于此,我有一个小小的梦想——被更多的人群看见。

2019 年,我写了一本书——《副业赚钱之道》,用职业规划的方法教人梳理思绪、寻找副业方向。《副业赚钱之道》的读者不再局限于程序员等技术人员,只要是职场白领,都可以看这本书。就是说,《副业赚钱之道》带我走出了 IT 圈,走向了大众。这是一个突破性的节点,也为我后续走向写作教育奠定了第一块基石。

2019 年之后，我走向了公众领域，出版的基本都是通用类图书了。

2021 年，我写了两本书，一本是《这本书能帮你成功转行》，一本是《职业复盘》。

从 2021 年开始，不断有人和我说："你写了那么多书，应该教写作。"我心里好多次有过这个想法，但一直觉得自己还没准备好，还不到时候。

2022 年 11 月 30 日，ChatGPT 诞生。紧接着，生成式 AI 大火特火。我试用了 ChatGPT，发现它生成文本又快又好，就算是没有任何写作基础的人，借助 ChatGPT 也能开始输出。

我意识到机会来了，于是我将自己多年的写作经验与 AI 结合，写了《ChatGPT 写作超简单》，教大家用 AI 写作。《ChatGPT 写作超简单》是我尝试公开教人写作的起点。2024 年，我因为《ChatGPT 写作超简单》参加了第十届当当影响力作家评选，获得了第十届当当影响力作家（科普科技作家）的称号。

此时，又有朋友问我怎么不教人写作，我再次思考这件事情，觉得已经水到渠成，可以带人写作了。

2024 年 6 月份，我在职场研习社宣布启动年度写作社群"写作研习社"，开展写作带教业务。紧接着，我在朋友圈公开了"写作研习社"成立的消息，告诉大家"写作研习社"将在 8 月份试运行。

写这篇文章时，写作研习社已经运营了 5 个月。

我终于成了写作教练，开始带人写作！

这是写作给我人生创造的又一个重要转折，我从自己一个人写作，只用对自己负责，转向了带人写作，对成千上万的人负责。

05 小结

回顾 10 多年的写作历程，我意识到：

是写作，帮我创造了一个又一个人生拐点。

是写作，帮助我从一个默默无闻的程序员，变成技术圈子里小有名气的专家与作者，并因此获得薪水翻番的工作机会。

是写作，帮助我穿越了新手咨询师的死亡螺旋，完成了从程序员到职业规划师的重大转型。

是写作，帮助我走上自由职业道路，做想做的工作，过想过的生活。

是写作，帮助我变身成为教练，能够用生命影响生命。

写作是我的人生杠杆，加速了我的职业发展，改变了我的职业道路，让我有机会按自己的意愿打造想要的工作和生活。

也希望写作，能够给你的人生带来深刻的改变。

写作是我的人生杠杆，加速了我的职业发展，改变了我的职业道路，让我有机会按自己的意愿打造想要的工作和生活。

写作10年，
从女IT工程师到
出版9本书的畅销书作家

弘 丹

个人品牌顾问
连续四年当选"当当影响力"作家
"弘丹写作"和"弘丹个人品牌"创始人
多本畅销书作者

10年的时光悄然流逝,转眼间,我从初入职场的新人,到一边上班一边写作,再到辞职成为自由职业者,其间结婚生子,拥有幸福的家庭。

这10年,仿佛弹指一挥间。回望过去,我没有想到,在写作这条路上,我竟然坚持了整整10年。

2015年1月3日的晚上,我无意间读到了一篇朋友写的文章,讲述了女主人公想要用文字记录自己的所思所想。那篇看似平常的文章,却在我的内心深处激起了强烈的共鸣:我也想用文字记录我的所思所想。

也许,在内心深处,我一直渴望被看见,而这篇文章恰好击中了我的内心。第二天清晨,我早起一个小时,在书桌前写了一篇400字的日记。

10年前,一个静谧的清晨,在书桌前写日记的女孩怎么也不会想到,这个小小的举动会改变她的职业生涯,让她从一个女IT工程师转型为畅销书作家,更没想到,写作居然会成为自己的事业。

人生的机遇,往往就藏在不经意的行动里,推动着命运的齿轮悄悄转动。

01
从 0 开始写作，1000 天出版第一本书

2015 年，当我每天早起写 400 字日记时，我并没有想过未来要成为一名写作者，也并不知道写作会给我带来什么，更未曾想过出版自己的书。

我只是喜欢在安静的早晨，一个人在书房用文字记录自己的内心世界。那时恰好是上海的冬天，在寒冷的早晨从温暖的被窝中挣扎起床，来到冰冷的书桌前，常常写着写着就感觉手指被冻得僵硬。

村上春树说："喜欢的事，自然可以坚持。"我当时并没有觉得写作是一件需要坚持的事情，可能出于发自内心的喜欢。

当我还是一个普通作者，没有影响力，也没有知名度时，我就带领一群人跟我一起坚持百日日更写作。后来我开办了自己的付费写作训练营，累计影响了几万人跟我一起写作。

我能坚持写作 10 年，跟我一直运营写作社群，带着大家一起写作是分不开的。 因为我想影响更多人写作，那么我就要作为榜样，持续写作，并持续创作新的作品。

2017 年，在写作了 1000 天左右，我收到两个出版社的出书邀请并成功签约。同年 10 月，我出版了第一本书《时间的格局》，2018 年出版了第二本书《从零开始学写作》。

《时间的格局》上市后就进入当当网新书热卖榜的前十名，得到了秋叶大叔、古典老师等大咖的联袂推荐，我还有幸受邀到中央人民广播电台《品味书香》栏目分享心得。

《从零开始学写作》是我的代表作，因为我就是"从零开始学写

作",并把写作变成了自己的优势。很多读者都很喜欢《从零开始学写作》,并且通过这本书认识我,加入我的社群,跟我一起写作。这本书让我连续4年获得"当当网年度影响力作家"的殊荣,跟众多知名作家出现在同一个榜单上。这对于作为工科生跨界写作的我来说,是之前完全无法想象的。

书是个人品牌最好的背书。这是我从默默无闻的素人到成为畅销书作家,把兴趣变成事业,并突破人脉圈后发现的真理。

02
把写作的兴趣变成事业,辞职成为内容创作者

在写作的前6年,我一直是在业余时间写作。

当时我在一家世界500强外企担任IT部门的女工程师。每天,我早起1到2个小时写作,写完文章匆匆赶去上班。在白天的8个小时,我是IT工程师,认真完成自己的本职工作;下班后,我在自己创建的写作社群里,给大家讲课、分享经验。这样的生活,我坚持了6年。

到了2020年,随着第三本书《精进写作》的出版,我要举办全国签售会,并且写作的事业发展得越来越好。我开始考虑辞去本职工作,成为一名全职内容创作者。

2020年8月30日,我正式告别了工作6年的公司。那天,上海下着瓢泼大雨,我坐在出租车里,看着窗外的大雨,似乎是在告别过去的生活。尽管有不舍,但更多的是对未来的无限憧憬。我用6年的时间,把写作的兴趣变成了自己的事业,成为一名全职内容创作者。

在工作的8小时之外,我们可以培养自己的兴趣爱好,拥有自己

的一技之长，说不定会发展出你事业的第二曲线。

03
AI 赋能未来，成为 AI 写作高手

2023 年，AI（人工智能）很火。

一开始我并没有足够重视它，在 2023 年 4 月份上某门线下课时，老师说："一定要重视 AI（人工智能），它带来的变革不亚于第二次工业革命。"这句话深深震撼了我。我意识到，AI（人工智能）会为整个世界带来巨大的变革，我一定要紧跟时代的步伐。

于是，我立马开始使用 AI（人工智能），并开始用 AI 写作。同年 5 月，我开设了第一期 AI 写作特训营。7 月，我用一个月的时间，完成了第五本书《AI 写作宝典》的创作，并在 11 月底成功上市。这本书的出版，也给我带来了很多新的机会。我被中国南方航空公司邀请，做了 AI 写作的专场分享。因为 AI 写作，我还被小鹅通邀请，担任它成立 7 周年庆典的分享嘉宾，直播间场观人数突破 40 万。

我还开设了《AI 写作宝典》的实战营，仅用 10 天就卖出 2500 册，一个月共卖出了 8000 册，上市当月就加印了。

2023 年的高光时刻是我出现在吴晓波老师的 2023 年工厂年终秀，并成为兴趣创业的成功案例——写作兴趣创业。我手捧《AI 写作宝典》的形象照被很多人看到，这本书也获得了全网几千万次的曝光。

未来是人工智能的时代，我们必须跟 AI 强强联合，才能在这个快速变化的时代脱颖而出。

写作 10 年，我想分享一下我的三个写作心法。

第一,"我有写出世上最烂的垃圾的自由"。

很多人不敢写作,是害怕自己写得不好,想到写作就会很痛苦。写作 10 年,我特别理解这种心态,因为我自己也是如此。比如,在写这篇文章时,我也怕自己写得不好,所以,在写作之前,我会写一段"碎碎念",把自己的担忧和害怕写出来。而且,我会不断告诉自己:"我有写出世上最烂的垃圾的自由。"这是娜塔莉在《写出我心》这本书里提到的。这句话一直鼓舞着我,不要害怕,大胆去写。

第二,把写和修改分开来。

很多人觉得写作痛苦,或者害怕写作,是想要一次就写出优秀的文章。

写作要把写和修改分开来。写初稿时,把你想要表达的内容毫无保留地写下来,不管写得好不好,都没有关系。

在修改时,要用编辑的眼光来审视自己的文章,也要站在读者的角度来重读文章,删掉对读者没有价值的内容,让文章更加精炼。

契诃夫说:"写得好的本领,就是删掉写得不好的地方的本领。"海明威说:"任何初稿都是狗屎。"修改文章不仅仅是修改错别字,而是对文章的二次创作。修改是作家写作生涯中的重要工作。

第三,写我所做,做我所写,不断迭代自己的人生。

写作分为虚构类写作和非虚构类写作。如果你选择的是非虚构类写作,那么你就要不断迭代自己的人生,要不断尝试去做不一样的事情,不断成长。这样你才能拥有源源不断的写作素材。

写作是一次心灵的探索。我们总是向外看,希望别人给自己答案,其实,很多答案都在自己的心里。写作能让我们向内探索,在自己的内心寻找答案。

罗伯特·亨利曾说:"每个人心里都住了一位艺术家。"其实每个人心里还都住了一位作家,我们都渴望把自己的所思所想、所见所闻讲给更多人听。

通过写作,我们可以让更多人看见自己的故事。每个人的人生都是独一无二的,你的故事值得被看见。

感谢 10 年前在书桌前写 400 字日记的自己,我才能成为一名写作者。下一个 10 年,我依然会坚持写作,成为一名终身写作者,正如我在《精进写作》里写的:"每一个不曾写作的日子,都是对生命的辜负。"

写作 10 年,我出版了 9 本书,未来希望能够持续影响更多人爱上写作,成为写作者。让我们一起书写我心,用写作记录自己独一无二的美好人生,活成自己喜欢的样子。

书是个人品牌最好的背书。这是我从默默无闻的素人到成为畅销书作家，把兴趣变成事业，并突破人脉圈后发现的真理。

从0到拥有30万粉丝，
坚持写作8年，
我做对了什么？

理 白

写作8年，作品荣登《人民日报》《读者》等
畅销书《新媒体写作创富》作者
全网有30万粉丝的博主，专注商业认知、
创始人IP打造、互联网营销策划操盘

写作曾带给我双重快乐。

一重是,每当我感到困顿、挫败、绝望时,写作就像黑暗中的孤灯,照亮我来时的路。 每当我提起笔,就有了万千力量,仿佛一切的挫败都成了素材。写下去,我就拥有了未来。

另一重是,我靠写作赚了不少钱。 从几十上百元的稿费到年入七位数,我知道,哪怕我裸辞、我流浪、我放弃职业生涯,我都有能力在城市、乡间存活下去。能靠内容赚钱,是我最大的底气。

我是理白,一名小镇青年,亦是一名平凡的写作者。

01

我出生在山东烟台,一座普通的滨海小城。家乡的生活节奏很慢,大家聊的都是家长里短的事情,夏天有啤酒海鲜,冬天有错落人烟。

我没有艰苦的童年,也没什么光鲜的故事。从小到大,我都算是一个听话的人:

上课会回答问题,把手举得高高的;

回家一定会先做作业,不做完不出去玩;

好吃的油炸豆腐皮,我不敢碰,美味的辣条也只能偷偷跟同学要;

我会弹钢琴,会积极参加活动,阳光开朗,会竞选班长……

哪怕是这样听话的我,内心当中也会有一块"自留地":写作。它是我唯一的"叛逆性"的爱好。

上中学的时候,我开始在周记本上和 QQ 空间里写连载小说,一堆同学抢我的本子看,还带动了一大批同学一起写,搞到班主任亲自找我谈心,没收了我的本子,才遏制了事态的发展。

不过,那一粒小小的文学种子就此发芽。小时候的我,很少出远门,直到考到上海读大学,才算真正见了世面。

那时的我还不知道,写作,将会在未来的某一天,彻底改变我的命运。

02

读大学的时候,医学课程很多,所以我主要的精力放在学业上。

命运总会给人再次选择的机会。2016年秋天,我顺利成为一名准研究生。刚刚结束保研答辩的我,把堆在一起有书桌那么高的考研复习资料尽数送给了学弟。

热闹的聚餐之后,我陷入了空虚:我不能接受自己停下来。于是,我注册了名叫"理白先生"的微信公众号,开始了我的线上写作之旅。

命运的齿轮总在不经意间转动。一次无意的涉足,却成就了我来日的欢喜。

注册这个公众号以来,我一心扑在写作上:为内容抓耳挠腮过,为数据焦虑抓狂过,为恶评伤心不已过,为认同欢呼雀跃过。

有个很丢脸的事实是:从0做到拥有1万粉丝,我用了整整2年。跟现在许多动辄1个月涨粉两三万的同行比,那真是让人笑掉大牙了。但不得不说,沉浸于写作的日子,是我最开心的时光。我放弃了现实中的出挑,放掉了对优秀的期待,放过了不断内卷的自己,只因单纯喜欢写作这件事,我便要把它做好。

03

  读研后，我拥有了更多的可自由支配时间，于是，我开始系统学习新媒体写作。

  记得我的第一笔稿费只有50元，但我欣喜若狂。我跟室友报喜："我一天写1篇稿子，就可以赚50元，那我一个月写30篇，就能赚1500元啦。"先别急着跟我说不可能，2018年12月，我一个月写稿34篇，成了写稿冠军，也累到没了半条命。

  为了写稿，我在凌晨4点的操场转着圈想观点，在早高峰的地铁上用手机打字，一边吃饭一边拆解爆款文章。在熬夜的时候，泡面都成坨了，我才发现自己还没吃饭。

  就这样，写作者理白一路成长，并在2019年开始加速。

  那一年，我的文章《成功的道路并不拥挤，别那么早放弃》被《人民日报》、新华网转载；

  那一年，我赚到了第一笔500元以上的稿费，靠写作、投稿月入过万元；

那一年，我开始接文案，给甲方带来了 300 万元的业绩，拿到了五位数的文案费；

那一年，我终于写出了第一篇阅读量超过 10 万次的文章，迈上新的台阶；

那一年，我收到两个录用通知，成为百万大号的主编、审稿人；

那一年，我组建了自己的内容服务团队，正式接单营业，进行轻创业；

那一年，我开始进入知识付费行业，成为别人的老师。**精写作、遇贵人、成好事，是对我的 2019 年的总结。**

04

2020 年，是我的晦暗之年。

开年的疫情，给整个中华大地都蒙上了阴影。临近研究生毕业，我的论文还没写完，被迫待在家里，不能返校。

终于到了 5 月份，我匆匆返校，由于第一轮答辩和论文初稿存在诸多不足，我只有 1 个月的时间疯狂修改，苦不堪言。我承接了太多的内容项目，虽然多的时候一个月能赚四五万元，但是我身心俱疲。

因为不懂新媒体运营，有时一个月的支出多达数万元，却没有任何进账。到了秋天，我的许多甲方因为疫情，逃跑的逃跑，倒闭的倒闭，欠我的尾款拖了 3 年也未结清。更可怕的是，因为要写的稿件过多，我组建了一个几十人的作者团队一起创作，但甲方的突然消失，让我不仅损失了自己的稿费，还背负了好几万元的外债，这是要支付给作者团队的稿费。我还清了外债，彻底对这个行业丧失了信心。于是,我解散了作者团队,一度停止了公众号更新,甚至决定退圈。

在最昏暗的时光里,我处于一种什么状态呢?

那一年,我在新的工作岗位上左右为难,各级领导要求很严,机关工作应接不暇,上级检查多,我牺牲了睡眠、健身、吃饭的时间,谨小慎微地努力着。

那一年,我经历了朋友的背叛,经历了甲方出逃,经历了几万元的尾款消失无踪。我给作者团队垫付了稿费后解散了它,痛哭一场后,我彻底放弃了文案事业。

那一年,我的公众号遭遇滑铁卢,数据上不来,广告接不到,没有任何变现渠道的我,实在养不起我的投稿作者们,只能遗憾宣布无限期停更,退出号主圈。

我也想过跟我的同事们一样,得过且过,我也想过和身边的人一样,在一个自在天地里安身立命,但我不甘心。

05

也恰恰是这种不服输的力量,让我哪怕焦虑、煎熬、恐惧、迷惘,也从未停止写作。

写作在最昏暗的时刻,无数次给我力量。每当我感到困顿、挫败、绝望时,写作就像黑暗中的孤灯,照亮我来时的路。每当我提起笔,就有了万千力量,仿佛一切的挫败都成了素材。写下去,我就拥有了未来。

公众号、头条号、小红书、知乎、视频脚本、产品文案,一边写赚钱的文案,一边做值钱的账号,我用心迭代着自己,不断突破。

后面的故事,大家也都知道了。

在我的主业上,随着能力的提升,我被调到了我喜欢的岗位上,服务于高客单价用户,每天的工作时间可以压缩到 4 小时之内。我慢慢拥有了 30 万粉丝,开启了更多的副业,重新召回了团队,建立了自己的个人品牌。我的写作形式变得多元化,不用每天捧着电脑敲键盘,仅仅使用手机也可以写作。

我可以去任何我想去的地方,我可以不用守着死工资紧巴巴地过活,我开始仔细观察每一座城市的一草一木。

我拥有了爱情和友情,并一直为彼此的幸福而努力奋斗着,觉得日子一天比一天有盼头。我很爱这种不用数着日子苦熬,可以盼着未来,让人生闪光的岁月。

我靠写作赚了不少钱,从几十上百元的稿费到年入七位数,我知道,哪怕我裸辞、我流浪、我放弃职业生涯,我都有能力在城市、乡间存活下去。能靠内容赚钱,是我最大的底气。

两年前,清华大学出版社主动找到我,邀请我写一本书,这就是《新媒体写作创富》。

在《新媒体写作创富》这本书中,我写的最后一句话是:"大部分的焦虑和内耗,都来自对未来的不确定性,而解决这些不确定性的唯一办法就是找准方向,脚踏实地向前走。接近光,成为光,未来你一定能成为你想成为的模样。"

我相信吸引力法则,我也相信努力可以改变命运,我更相信每一个不安于现状的灵魂,能冲破世间的樊篱。

咱们一定要相信,往日暗沉不可追,来日之路光明灿烂。

你看啊,我们都站在光里。

我放弃了现实中的出挑，放掉了对优秀的期待，放过了不断内卷的自己，只因单纯喜欢写作这件事，我便要把它做好。

写作是技能，更是杠杆，让我的业务降本增效，撬动10倍营收

梁靠谱

销冠孵化基地主理人
头部生物、医药、教育公司营销顾问
多个互联网头部社群拉新第一名

你好,我是梁靠谱,一个来自东北的"小镇做题家"。29岁之前,我都在读书,靠着学历进入了事业单位,获得了一份稳定的铁饭碗工作;29岁时,我开始做自媒体副业,迄今做了5年时间,已经变现超千万元。

前3年,我的变现主要依赖分销别人的产品和社群引流。虽然也赚到了第一桶金,但是没有自己的核心资产,并且依赖他人的业务,始终会被掣肘。

直到2年前,我顿悟,重要的事要早做,不然会拖成紧急的事,于是我苦练写作这个技能,才拥有了自己的核心产品和核心渠道,不再受制于他人,业务也迎来了大幅度增长。

01
写作给我带来的直观收益

我在2023年8月创办了第一个高客单价社群,初始会员价为4999元,经历了4次涨价后,最终价格为8999元。在一年多的时间里,增加了超过2000名社群成员。

这得益于以下几点。

在流量端,我注册公众号一年以来,写了上百篇文章,其中阅读量超过10万次和1万次的都不少。在这一年的时间里,我引流并加满了一个微信号的好友,并且转化了很多高客单价用户。

在产品端,我根据用户和市场的需求,设计了五门训练营课程:卖点提炼营、情商飙升营、操盘手训练营、断舍离训练营和个人品牌人设课。每一期都有至少1800人参加,营收达百万元,并且在销售低转高环节很顺利。

在转化端, 我发长文帖、复盘帖,字数都是1万字起,多的则是2万字起,一年输出的字数超过200万字。从变现的角度来说,写出来的每个字都给我带来了几元钱的变现。

此外,我的第一本书也在筹备和策划中了。

02
内容是引流、转化、交付的方式

很多人创业都受困于时间不够用,不论是在谈单、成交还是交付的过程中,都要花很高的沟通成本,所以我就思考如何把一对一的工作变成一对多来进行,最终,我想到了用写作、公众号以及私域的社群工具等等。比如,过去,别人问我问题,我需要一个一个去解释;现在,如果有人问我问题,我觉得这个问题有普遍性,就会把答案写成一篇文章,里面加入我的成功案例和用户证言,然后加上"钩子",就是一篇很好的工具文,既能转化,又能交付,还能引流,一举多得。

同时,自媒体是实现一段时间多次卖的绝佳工具。在没有互联网时,兼职可能就是你白天上班,晚上开滴滴或者摆摊。虽然你很勤奋,但是收入是有限的。你再勤奋,兼职也只能从下午6点干到晚上12点,不可能不睡觉。但是现在,你写完了文章,把它发到平台上,你吃饭的时候,它在被人阅读;你睡觉、陪伴家人的时候,它在引流或者出单。**在同一个时间段,你写的内容和你输出的价值观可以出现在不同的平台和不同的人面前。** 你生命的长度不变,宽度却大大增加了。

这对于普通人来说,是一个莫大的利好,是我们的父辈没有赶上的互联网和自媒体的红利,所以我很庆幸自己抓住了这波利好。

再就是,我是靠卖东西赚到第一桶金的,现在变现的主要产品也是销售培训课程。传统行业的销售要线下拜访、面谈成交,大部分业务都以一对一的方式进行,效率很低,人也非常辛苦。现在的销售可以不用风吹日晒雨淋,在线上就可以走完一整套的流程,还可以不看人白眼。通过个人品牌打造和内容营销的方法,去实现高效成交、站着挣钱。

除了朋友圈和公众号以外,拉快闪群、开项目说明会、在群里分享后卖产品的私域发售方式,在裂变和成交上的效率也非常高。2024年,我带着团队做了一场涵盖300个微信群、6万人次的发售,半个月之内转化了2500个付费用户。你想想,如果没有一对多的杠杆,一个人需要几年才能和这么多人谈生意?这里涉及的社群内容,离不开写作。还有一些平台,比如知乎,也依赖长文写作。有人的地方就有江湖,有江湖的地方就有需求,就有交易发生的可能。

03
把消费变为生产,这是高级管理的关键

很多人把时间用在了刷抖音、看剧、逛淘宝上,但有人能在这些平台挣钱。很多人觉得群聊内容太多,看不完,但有人不仅自己创办社群,还在社群里输出内容。这其中的区别就是:你是生产者还是消费者,即你是让别人在你身上花时间,还是在别人身上花时间,这很重要。

你一旦养成了写作的习惯,有了内容产出的意识,那么你不论是出去吃饭、旅游、看剧、看比赛,甚至是住院、做手术等等,都可以记录下来,给你的用户提供时间价值、认知价值、情绪价值,然后你的内容就会产出数据,即变成阅读量、私域流量和业绩。这样你就从单纯的消费者变成了生产者。

04 用写作内容筛选出同频的伙伴

我接触过不同的内容平台,微信生态圈里的视频号和公众号内容都写过,社群的小鹅通分享和文字稿分享也都做过。我的感受是,同样的曝光量,文字所带来的收益更大。比如,同样是浏览量1万次,公众号和视频号的引流和成交数据相差特别大。不论是引流量还是成交量,前者都是后者的几倍甚至十几倍。因为虽然都是内容,但是短视频的节奏快,很多人看完就忘了,而能静下心来看完你的文字的人,他们具有细品文字的能力和思考的能力,付费的可能性更大。

我觉得对知识行业的从业者们来说,写作的能力必不可少,写作可以沉淀,能够穿越时间和空间,吸引与你同频的人。

最后,我想说,写作这个技能赋予我的,不仅是钱、影响力,还有在纷繁复杂的信息世界里独立思考和归纳总结的能力。写作让我清醒自持,也是一种对我们只活一次的人生独一无二的记录方式。

我是梁靠谱,很高兴认识你。

我觉得对知识行业的从业者们来说，写作的能力必不可少，写作可以沉淀，能够穿越时间和空间，吸引与你同频的人。

纯素人2年出版6本书
——普通人如何
以笔为剑，逆天改命？

思 林

第十届"当当影响力"作家
百万文案变现导师
无痕成交文案创始人

从内向、"社恐"的人到百万文案讲师,从零资源的纯素人到自媒体博主,从产后抑郁的妈妈到出版6本畅销书的作家,我想用我的亲身经历告诉你,没有天赋、没有背景的普通人,只要做对选择,也能拥有精彩的人生!

对我来说,这个选择就是成为作家,它改变了我的人生轨迹。

作为一个出身平凡,打过工、创过业,盲目过、失望过,但还在路上的普通女性,下面我想跟你分享自己曾经走过的路、踩过的坑,以及凭借一技之长,最终进化为超级个体的真实成长史。

01
从工薪阶层到考证达人,40平方米的房子困不住我儿时的梦想

我出生在一个普通的工薪家庭,从小一家人挤在一个40平方米的破房子里,拥有一间属于自己的房间成为我童年时期最大的梦想。

小时候,母亲独自扛下了全家的经济重担,每天天不亮就出门去厂里工作,等我入睡时,还没见到她的身影。她总告诉我,她在学生时代虽然成绩优异,可正逢取消高考,无奈只能辍学打工。母亲经常对我说:"想要出人头地,就要发奋学习,努力考上大学,只有这样才能改变自己的命运。"于是,我开始拼了命地学习。没有自己的房间,吃完饭就趴在餐桌上写字;从不买衣服或者玩洋娃娃,所有的时间都拿来读书。渐渐地,我成为别人眼中的学霸,也是老师和长辈眼里的乖乖女。班主任在我的学生手册上写下这样一句话:"每次走进教室,老师总能看到你在埋头写作业,为你的努力点赞!"考

入大学以后,我更是恨不得利用一切课余时间拼命考证,抱回了各种证书,比如英语专业八级证书、高级口译证书、中级会计师证书、计算机中级证书等,而且都是高分通过。

毕业后,我顺利进入一家世界500强企业工作,每天朝九晚五。在别人眼中,这是一份令人羡慕且安稳的工作。

然而,我的人生并不是一直一帆风顺。

02
从加班流产到副业狂人,真正的觉醒从痛彻心扉开始

毕业以后,我自以为学历背景还挺厉害,自信满满地想要大展拳脚,却发现只凭学历和几本证书远远不够。

性格内向的我,俨然成为"职场透明人",每天重复着同样的工作。我一眼就能看到30年后的自己,拿着一份仅能保证温饱的工资到老。

这样的生活让我常常失眠,头发大把大把地掉。因为我发奋读书,为的不是这样重复的工作,而且因为连续加班,我没有时间陪伴家人,甚至由于过度劳累,失去了腹中第一个孩子。我永远都不会忘记那天,躺在冰冷的手术室,看着医生拿着仪器朝我走来,我的眼泪止不住地往下流……

这段经历让我下定决心,开始改变自己。

我不怕吃苦,怕的是一眼看得到头的人生。 于是,我在下班后报了很多课,如阅读、写作、英语、演讲等等。我见到课就报名,天天像中了邪一样,每天耳机里听的不是音乐,而是各种付费课。我期待能够找到实现自我价值的工作,让家人过上更好的生活。

接着就开始各种折腾,尝试各种副业,我做过公众号编辑、英语助教、课程销售……边学习边摸索,通过不断努力,奇迹终于出现了……

03
从蝉联销冠到文案高手,热爱能带你一路生花

我用全部的业余时间精进自己。当时,我的社群运营能力特别强,我一共管理了500多个社群,服务全网3万多名学员,凭着尽职尽责的服务态度,最后蝉联知名平台的课程销冠。

由于成绩特别突出,我被选为分销团队长,开始管理团队。团队人数从刚开始的1个人,慢慢增加到3000多人。我带着这个团队,一路披荆斩棘,合计收入达到上百万元。但是,我并没有因此停下脚步,而是想要尝试更多的人生可能……

一个偶然的机会,我接触到了文案营销,彻底改变了我的人生。

因为我发现好的文案能让人过目不忘,直达心扉,引起共鸣。我之前在做销售时一路拿到结果,也是因为不知不觉抓住了文案营销的关键——输出优质的内容,被动吸引用户。

无论是在社交媒体发布内容,还是在重要场合交流与表达,文案写作都可以帮助我们更好地传递自己的价值观,从而提升个人品牌的认可度和影响力。尤其是在"内容为王"的时代,文案是撬动流

量的超级杠杆,也是一切商业行为背后的基本功。

说来你可能不信,创业9年来,我从没有主动发私信招揽学员,他们都是被我的文案吸引而来,这就是文字的魔力!我把这套方法命名为"无痕成交文案系统"。不管是在繁华的都市、美丽的海岛还是在幽静的乡村,你一个人就是超级个体,可以自由选择办公地点。

与文案的美妙邂逅,让我明白:

第一,只有一技之长,才是你的"铁饭碗"。 一个人想要改写自己的人生,最简单、最稳妥的方式就是练好一项核心技能,拼命向上成长。

第二,"敢不敢",往往决定了"能不能"。 心态决定状态,格局决定结局。勇气就是一个人最大的资本,同样是经历低谷,有人铩羽而归,意志消沉;有人披荆斩棘,重新出发。

第三,成就别人,才是成就自己的捷径。 我把这套方法手把手分享给了我的学员们,他们来自各行各业,有教育机构的校长、高校教师、国企高管、高级工程师、报社编辑、外企白领,也有实体店负责人、全职妈妈、社交电商团队长等,他们都用文案改写了自己的人生。

我把自己通过副业赚到的第一桶金,全数转给了我的母亲,因为我所有的成绩都离不开她的陪伴和支持。每次在书店看到我写的书,她总抑制不住脸上的喜悦和自豪,我想这也是我拼命奔跑的意义。所以,即使你也一样,出生于普通家庭,你依旧可以通过自己的努力,展现独特的价值。职场困境并不是一座高墙,而是一个巧妙的迷宫,找到正确的出口,你的未来一定会更加广阔!

04
从无痕成交到多本畅销书作家，用实力打出一手好牌

以前，我从未想过自己能和"作家"这个词联系在一起，而且还在 2 年内出了 6 本书。

9 年创业路，我经历过低谷时期，迷茫与焦虑如影随形，而在高光之际，又仿佛有璀璨星辰照亮前路，所以我就想用文字记录这段美妙旅程。说干就干，2022 年初，我利用下班时间争分夺秒地开始第一本书《文案破局》的创作，没想到仅用一周时间就完成了初稿。

我把自己这套"无痕成交文案系统"的实战经验总结出来，写到了《文案破局》里，它首发就成为当当网 6 个榜单的第一名、京东 4 个榜单的第一名，销售近万册，热销海内外。

这本书的出版，让我有了很多资源和人脉，不断有出版社向我发出邀约写下一本书，也有很多读者选择付费学习，和我深度互动，于是，我萌生出了一个念头，我要带着我的学员们一起写书，实现他

们的作家梦想。因为只盯着自己的人生注定不会有太大的意义，成就他人，帮助他人取得进步，才能获得更大的价值。

没想到一年后的2023年10月，我遇见了我的贵人李海峰老师，让我有机会如愿带着31位弟子，出版了属于我们的合著书《改写》，记录了一个个用文字改写人生的真实故事。这本书帮助我斩获了"第十届当当年度影响力作家"的殊荣。

此刻，我的另一本书《副业变现》也已经上市了。这是一本完整记录我的9年副业旅程的书，书中有大量的方法、案例和实战经验。就是因为在这一路上，我淋过太多雨，所以想为别人撑起一把伞。

写书，是送给自己最好的礼物！写书有如下好处：

第一，写书能实现个人影响力的快速升级。现在流量越来越贵，很多人选择打造个人品牌，就是想以此降低让他人关注自己的成本，而写书就可以大大缩短打造个人品牌的路径。

书可以快速建立信任。读完你的一本书，相当于读了你的1000条朋友圈。特别是出版一本爆款书，可以让你的很多粉丝转变为你的用户。

第二，写书是体现自我价值的最佳方式。从出书的专业角度来说，它并不是写篇文章、表达某种观点那么简单，而是需要作者有一套完整的知识体系，并能准确无误地表达出来。除此之外，语言的提炼也非常重要。这对于作者来说，也是个人能力的一次质的飞跃。

第三，写书能带来长尾效益和人生溢价。出版一本书可能并不会马上从经济层面给我们带来回报，但是从整个人生周期来看，这绝对是一个价值亮点，让我们在诸多竞争者中脱颖而出，给自己的个人生涯带来无限的溢价空间。它是一张进入更高圈层的名片，作者的身份也会让他人对你的专业实力更加信服。

那么,对于普通人来说,写书真的很遥远吗?我想推荐几种写书思路给不甘平凡、想要突破自我的你。

第一,出书不取决于文笔,而是选题。 好选题是需要兼顾自我表达和市场需求的。我们要选择读者关心,而不是只有自己关注的话题。

我们可以从技能角度考虑,比如你是拥有一技之长的插画师、摄影师、影评人、自媒体博主、美食爱好者、心理咨询师……就可以出版相对应领域的书。

也可以从读者人群角度考虑,如大学生爱看个人成长类的书,职场人士需要解决方案类的书,处在迷茫期的年轻人需要真正有力量的内容。这两年越来越多女性开始觉醒,有了更坚定的自我追求。这些都可以作为我们的切入点。

第二,出书不能有急于求成的心态,只能细水长流地积累。 写作不在于一时,而在于平日里的积累,要搭建内容创作的"蓄水池"。

在这里,我推荐三种搜集内容的方式。

(1) **做个有心人。** 拿我自己来说,我会把平时课程的提纲、稿件、讲义或者社群的分享内容都记录下来,及时整理归档,便于随时调取内容。

(2) **收集行业内用户最关心的 100 个问题**,可以从学员或者客户那里了解,也可以在相关网站上搜索,然后把问题和自己的答案记录下来。

(3) **整理和归纳你的学习资料。** 这包括在各种课程里学到的知识点,结合实践进行复盘,再记录自己的经验、收获和总结。

"流水不争先,争的是滔滔不绝。"内容的持续积累和创作,才是传递价值、塑造形象、增强竞争力的关键。

第三，出书不在于一次性完稿，而在于反复打磨修改。"文章不厌百回改"，我一直觉得写书就像写文案，好的文字不是一下子写出来的，而是改出来的。

托尔斯泰曾说过："不要急于写作，不要讨厌修改，而要把同一篇东西改写十遍、二十遍。"写文章最重要的就是要耐得住改稿的烦。

那么，具体怎么改呢？很简单，只需要记住这个口诀：少写概念，多写场景；少写鸡汤，多写干货；少写理论，多写实操；少些文字，多些信息；少些套路，多些真诚。

虽然写书不易，但是当你写了一本书后，你就相当于向外界宣布了你的专业水平和思想深度，展示了你的价值主张和差异化优势，证明了你的成果和影响力。这样一来，你就会在专业领域占据一个有利的地位。

茨威格说过："一个人生命中最大的幸运，莫过于在他的人生中途，即在他年富力强时找到了自己的使命。"马上就是我创业第10年了，回顾过去，我始终坚持走在不断突破自己的路上，一路蜕变成为讲师、自媒体博主、畅销书作家、学员眼里的"报课终结者"，我收获了太多从未想过的成绩和惊喜。

重要的不是路的终点，而是开始。 我相信从素人开始的我可以，你也一定可以！毕竟最值得投资的是你自己，最好的品牌也是你自己！

毕竟最值得投资的是你自己,最好的品牌也是你自己!

我们为什么要好好写作？

覃(qín)杰

007行动品牌创始人
007不写就出局发起人
7年7个远方发起人

何以永恒？唯有文章。

尼采说："对待生命，你不妨大胆一点，因为我们始终要失去它。"他还说："人需要一个目标，人宁可追求虚无，也不能无所追求。"如果找不到目标，就把写作当成目标；如果有目标，就用写作去达成目标。开心时写，加倍快乐；伤心时写，放下烦恼。如果你决定开始写作，就一定要公开写。因为写作对内可以让自己成长，对外可以连接世界。

宇宙的法则是万事万物终将毁灭。毁灭的前提是看是否停止成长。成长需要不断对抗熵增，从物理学角度来看，这个就是做功。那些肯在一件事情上用功的人，尤其是在写作上下功夫的人，必然会获得成长。

说到成长，有个非常重要的课题，需要我们每个人去研究，那就是认识自己。苏格拉底说："认识自己，方能认识人生。"他还说："未经审视的人生，是不值得过的。"事实上，生命中最难的时候不是没有人懂你，而是你不懂自己。那么，到底怎么认识自己呢？

这些年，我一直在思考这个问题，并找到了一些方法，今天和你分享。如果对你有用，你一定要分享给最重要的人。

首先，尽可能多了解自己父母的成长经历，然后了解爷爷奶奶、外公外婆等人。如果你家有族谱，还可以追根溯源到祖祖辈辈。

其次，还可以多了解自己的成长环境，特别是当地的风土人情及历史。除此之外，还可以了解时代变迁、社会发展等情况。

最后，不断书写你的人生故事， 比如，从你记事时开始写。要知道，你身上有很多故事正在发生。

这些都是我们三观形成的根源，也正好梳理一下自己的世界观、人生观、价值观。

不要觉得自己没故事可写，除了写过往，还可以写未来。我们要有目标，要利用自己的目标或梦想，不断从自卑中超越自己。我就是个活生生的案例。这也是为什么我建议你多写未来。因为写着写着，你会明白自己到底想要成为什么样的人。这个很重要！

当你采用了上面的方法后，就解决了一个古老的哲学难题——从哪里来？到哪里去？

当然，光认识自己还不够，你还需要多和别人联结，这关系到你的幸福。一个人与社会的联结深度，决定了这个人的幸福程度。这些年，因为写作，我认识了很多人，也遇见了很多同频的人，很是幸福。所以，不仅要写，还要公开写。

如果说读书是沿着作者的脚印去看沿途的风景，那么写作就是带领读者看到这个世界还有无数风景。相比之下，写作更难，但更有意思。

除了要好好写作，还要多和写作的人交朋友。这些年，我也算阅人无数，发现一个人如果能够写作，并且长期写作的话，这个人大概率不会差。

一个人能安静地坐下来写作，说明他至少是个有耐心的人，并且有独处能力。一个人能自娱自乐就已经很不容易，更何况是一个人追求成长。

长期写作除了要有足够的耐心，除了能够享受孤独，还有一个优点——这个人相对真实。大多数时间，写作者都是在和自己对话,所以不大可能写出自己想不到的内容,也不大可能天天写些自己都不相信的话。

经历是一个人最好的写作素材,这个别人拿不走! 每个人都可以且应该有自己的风格,因为你的经历不同,要成为的人不同。

小时候,我特别怕黑,从来不敢一个人走夜路,但只要带着弟弟妹妹们,就敢大晚上从自己家走到奶奶家去。虽然弟弟妹妹们还需要我照顾,但因为有了他们,我的胆子就大了。写作也一样,需要有人同行。

写作者以慈悲为怀。

多一点慈悲,就会少一点道听途说,更不会蹭热点、不分青红皂白,甚至歪曲事实;多一点慈悲,就会少一点恶意,更不会见谁好就骂谁,看谁不爽就怼谁;多一点慈悲,就会少一点焦虑传递,更不会为实现一己私利,唯恐天下不乱。

慈是敢于舍,舍弃我爱,舍弃我执,这是人生最重要的修行。不然就会陷入自以为是,哪怕看着在帮别人,也多是从个人利益出发。

慈悲是要学会角度转化,把他人看成你自己。如果我们把他人看成自己,才能真正理解他人,才能对他人多些宽容,有更好的人际关系。

慈悲所带来的益处,如同甘露从天而降。真正利他的人,都是在修"慈悲心"。

那么,如何区分慈悲和怜悯呢?

当你的恐惧碰到他人的痛苦时,它就会变成怜悯;当你的爱心碰到他人的痛苦时,它就变成慈悲。怜悯的根源是恐惧、傲慢、自大,有时甚至是沾沾自喜(我很庆幸,那不是我);慈悲背后是明白,众生都一样,各有各的苦。

  写作者不要浪费人生苦难,特别是他人的苦难所引起的爱心和悲伤。 在你觉得有一股悲伤在心中出现的那一刻,不要避开,而要去感受,去书写。在优秀作家的作品里,都会有各种人生苦难。你看路遥的《平凡的世界》,余华的《活着》以及莫言的作品里面都有大量的苦难故事。

  不要小看自己的每一次书写,更不要低估文字背后的力量。

  写作无非两件事:写什么?怎么写?

  如果非要给这两件事排个序,那么写什么更为关键,因为这关系到作者的写作目的。

  这并不是说怎么写不重要。同样写黄鹤楼,李白当年就被崔颢的《黄鹤楼》征服,甚至深受刺激,发誓要写出一首胜过崔颢的诗来。

  李白一生无数次写过黄鹤楼,最后却写道:"崔颢题诗在上头",并因此有了搁笔亭。好在李白在南京时,写出了能与之媲美的《登金陵凤凰台》。

  咱们来对比一下这两首诗:

《黄鹤楼》

崔颢

昔人已乘黄鹤去,此地空余黄鹤楼。

黄鹤一去不复返,白云千载空悠悠。

晴川历历汉阳树,芳草萋萋鹦鹉洲。

日暮乡关何处是?烟波江上使人愁。

《登金陵凤凰台》

李白

凤凰台上凤凰游,凤去台空江自流。

吴宫花草埋幽径，晋代衣冠成古丘。

三山半落青天外，二水中分白鹭洲。

总为浮云能蔽日，长安不见使人愁。

对比可以发现，这是李白在向崔颢致敬。当然，那个时候的李白经历了大起大落，整体格局上要更上一层楼，也多了些慈悲。

如果你问我，写作如何以慈悲为怀？那就是把读者当朋友，把别人放心上。

人人都能写，但写好不是一件容易的事，甚至有可能你写了很多年，也惊艳不了大家。但你一定要记得，无论什么时候，都要努力行动。正如尼采的另一句名言："也许你感觉自己的努力总是徒劳无功，但不必怀疑，你每天都离顶点更进一步。今天的你离顶点还遥遥无期，但你通过今天的努力，积蓄了明天勇攀高峰的力量。"

我最怕有人说要坚持写作，而不是爱上写作。人类唯有在爱中，才得以创造出新的事物。

开始写吧，无论写得好还是坏。

不要小看自己的每一次书写，更不要低估文字背后的力量。

人生不长，
做自己的执笔人

二薇老师

厦门大学EMBA中心主任助理、招生总监
DISC正向沟通培训师
正能量跑者

题记：生活不是我们活过的日子，而是我们记住的日子。

我有时遇到特别得意或不如意的事，想和身边人说一说，但是一想到还需要说那么多前因后果，突然就觉得没有了倾诉的欲望。也许还有些时候，既开心又得意地告诉身边的朋友某件事情，结果对方一脸木然地说："啊？"于是，我习惯在这种时候拿起笔，对自己说话。

2018年2月，我开通了公众号，不知不觉写了6年了！写的理由很简单，大多数时候是为了快乐而写。

我没有普度众生的能力，也不是挥斥方遒的大家，讲不出什么高深的道理，写作的定位就是真实记录一些我经历的事情，细细描绘自己喜欢的那些真挚的朋友，聊聊读过的书、走过的路、掉进去的坑，偶尔给我自己体验过的好物写篇软文，打打小广告。

很多人都以为写作是在记录思想，在我看来，这不对，写作只是一个自己心灵的深深树洞——当你对着里面说话，你永远也不知道会有什么东西会从里面飘出来。

偶尔，我也会冷静地写一些总结，用文字记录我的思考过程。对于天生思维发散、难以聚焦的我而言，写作会强制我对一些感悟做系统梳理。即使当时的想法幼稚可笑，但总结是为了更好地出发。若干年以后，看看自己的文字，有利于锚定更准确的方向，继续向前。

还有些时候，我为了让自己相信而写。一次次写下自己相信的东西，那些东西也会改变你。我向往阳光，我总是很积极，我期待每一天都朝气蓬勃……这些话语几乎出现在我的每一篇文章中，因为有些东西需要一次次重复，自己才会信。

记忆是最容易模糊的东西。三岁之前的任何事情，如果真的有记忆，那也是写作给的。我的孩子真的是一个天天踢被子的小男孩吗？他第一次在新年说的祝酒词是什么？他对我说过哪些暖心的童言童语?孩子不会记得,这一切都存在了我的记忆里,所以我定期为孩子写成长记录。这是如此美好的事,也是我特别珍惜的小事。

我从小喜欢写日记,像记流水账一样地记录自己生活中的小幸运或不开心。印象中,十几二十本日记应该是有的,遗憾的是没有好好保存,都遗失了。写下自己的人生故事,那些故事就如同电影的海报,被保存下来。时间一长,这些海报变成了回忆本身。当你一次次看这些海报,海报又变成了电影本身——我们就是这样记录自己的生命和改变自己的生命的。

不经意间,我坚持做一个认真生活的人。

因为坚持不断地写,我写出了90多篇原创文,有上百万次的浏览量。

因为坚持不断地写,我收获了六千多个粉丝。

因为坚持不断地写,我扩大了个人品牌的影响力。

因为坚持不断地写,我更加坚信自己想要践行的道理。

因为坚持不断地写,2021年,我出了一本合集《破局》,它获得了当年当当网双十二的单日总榜冠军。

在写作时,我遇到了如下挑战。

(1)万恶懒为首。

真的不缺选题和灵感，随便算算，我都还有七八个选题没写。生活不是没有美，但凡留心，处处皆美，可是只要偷懒，什么都干不成！

(2) **数量与质量的矛盾，这是客观存在的。**

2019 年初，我的计划是每个月更新 3 次（每月 2 日、12 日、24 日更新），坚持 2 个月后开始断更。更新匆忙，必然在质量上有所欠缺。输出倒逼输入，由于没有积累，有时候写的内容过不了自己这一关，而为更新所累的时候，写的东西也达不到自己的期待。

(3) **时间分配。**

写一篇文章，我需要 3 个小时左右写成初稿，至少修改 3 次，调整格式，插入合适的照片，全程最快也要耗费 4～5 个小时。如果写长文的话，可能花费的时间需要翻 3 倍。如何在有限的时间内抽空更新，这也是一个挑战。

接着来说说快乐的事！

首先，肯定是当下的满足感。

我常常写着写着哈哈大笑，偶尔会泪流满面，特别解压。在写一些总结性长文时，遇到没思路的情况，也是常有的事，在自我怀疑之后又柳暗花明的通透感反而是一种值得慢慢品味很久的快乐。

其次是自我反思、回顾的好办法。 隔一段时间看自己的旧文，常常能挑出毛病，偶尔还会再一次被自己感动，抑或当下的场景浮现眼前。记忆总是容易消散，能写一篇小文章做一个记录，总感觉那些认真活过的日子没有丢掉，老了以后坐着摇椅慢慢聊，还能多点谈资。

最后是收获了自己的私域流量。 简单地说，就是原本是陌生人，因为追文而与我产生了联系，这是一种奇妙的缘分。写作是一座桥梁,不仅连接了现在和过去,也连接了不同城市的人们。谢谢你们的鼓励,因为写作,我们认识了彼此,让我再一次感受到了文字的力量!

总有一些事情,我们无法改变,如糟糕的天气、拥挤的城市、不理解的人,但当文字慢慢从指尖流出,这些都变成一种能够用你所掌握的语言构成的画面。这让你似乎获得了另外一个脱离自身的视角,这个视角让你觉得安静地看着这一切就很好。

另外,我特别喜欢这句话:"真实自有万钧之力。"向内看,观察自己,观察灵魂,我有了意外的收获,找到了自己的梦想。

有人问我,有没有总结出什么写作经验? 我想了想,罗列如下。

(1)**变成一个更敏感的人。** 偶有灵感产生,哪怕正在洗澡,我都会火速把灵感记录在手机备忘录里。相信我,否则要不了5分钟,你就忘记了。

(2)**看到别人文章中的金句,只要觉得可能会为我所用的,速速复制,分门别类整理,很好用。**

(3)**模仿一些喜欢的作品的写作样式,分析其文章框架。**

(4)**从小处着手。** 哪怕是在朋友圈发40个字,哪怕是给朋友发一段拜年祝福或一段生日祝词,哪怕是给一张照片配一个文案,这些都是练笔的好机会。写多了,自然就有手感了,文风也就形成了。

生活就是这样,一边回忆,一边继续,从不肯停下来。我们的人生应该是一个好故事,做自己人生剧本的导演和主角。

当我们关注幸福的时候,就更容易发现幸福;当我们品味快乐的时候,就更容易让自己快乐。

我们的人生应该是一个好故事，做自己人生剧本的导演和主角。

从项目经理到畅销书作家：
我用写作点燃人生的下半场

焱公子

《AI制胜》《引爆IP红利》等6本书作者
百万粉丝新媒体人
AIGC商业顾问

如果人生是一次长跑,那写作和出书就是我在人生旅途中找到的加速器和方向标。

9年前,当我从稳定的职场跳出来迎接未知时,写作成了我与世界对话的方式,也成了我与自己内心对话的桥梁。从写下第一篇文章到如今已出版了6本书,我的生活轨迹因为文字发生了巨大的改变。

这一路,我不仅从写作中找到了价值感和成就感,也在与广大读者的共鸣中看到了自己的无限可能。

01
写作让我看清自己

在职场的10年中,我一直过着标准化的生活:"996"、关键绩效指标(KPI)、加班。每一天都像写好的脚本,我只要按部就班地执行。生活就像一台被设定好的机器,虽然运转得很高效,但我总觉得缺少了一点灵魂。

在我辞职的那一刻,面对一个完全未知的未来,我才意识到:真正的难题不是辞职的勇气,而是辞职后的选择——接下来的人生剧本,我要如何书写?

写作,是我寻找答案的方式。

每一次在电脑前敲击键盘,就像打开了一扇通往内心深处的门。写作不仅是一个输出的过程,更是一次次的自我对话。在书写的过程中,我开始问自己一些在职场时从未认真思考过的问题。

我在忙什么?是为老板的目标而奋斗,还是为自己的理想而努力?

我想要什么?是更高的职位,还是一种更有意义的生活?

我能为这个世界留下点什么?是完成一份又一份PPT,还是创造出一些真正独特的东西?

这些问题就像拼图的碎片,最初是模糊不清的。但随着一篇篇文章的诞生,我开始拼凑出自己的真实模样:我喜欢思考,喜欢表达,喜欢通过文字与人交流。这个发现让我既兴奋又忐忑,因为它指向了一条完全陌生却充满可能性的道路。

最初的写作只是为了梳理自己的思绪,像一场没有观众的独白,但我很快发现,写作的力量远比我想象中的强大。

2018年,一篇发表在我公众号上的关于华为狼性文化的深度分析文章让我"出圈"了。我本是想通过它总结自己10年的职场感悟,但没想到这篇文章却击中了无数人的心,迅速在全网引发了热烈的讨论,甚至登上了知乎热搜榜的榜首。那一刻,我第一次意识到:文字不仅能让自己看清内心,也可以让别人看到我。

在书写的过程中,我引发了许多人的共鸣。这种感觉既令我振奋,也让我对写作有了全新的理解——它不仅是自我的表达,更是一种价值的传播方式。

爆文的成功是一个起点,但它带来的更多的是对写作的坚定。从那以后,我不再只是为自己而写,而是开始思考:我通过文字能为

他人带来什么？是启发，是共鸣，还是一点点生活的勇气？

写作从一种单纯的记录方式，变成了连接我与世界的桥梁。通过文字，我能将自己的经验分享给职场新人，让他们少走弯路；通过文字，我能为迷茫的创业者提供启发，让他们找到方向；通过文字，我甚至能为一些素未谋面的人传递一种积极的态度和力量。

正是这种价值感让我对写作更加执着，我也因此找到了自己的定位：我要成为一个内容创业者，用文字记录我的生活和经历，用思想连接更多人，用书籍在这个世界留下一点点痕迹。

02 出书让我走进更多人的生活

如果说写作是一场孤独的跋涉，那么出书则是点燃篝火，照亮自己和身边更多的人。用出书来记录自己的每一段人生，真的是一种特别棒的体验。

当然，不可否认，每一本书从构思到最终出版，都是一个漫长而煎熬的过程。

以我的第一本书《能力突围》为例，这是我从职场阶段跨入创业阶段后的一次系统性复盘之作。那些写在书里的每一条职场经验，都是我在数百个通宵加班夜、数十次艰难决策中淬炼出来的。为了让内容更加精炼，我对书稿进行反复修改，推翻重写的次数已经无法统计。我的编辑说，这本书可以用"字字千金"来形容。当它最终呈现在读者面前时，那种满足感远远超过了写作的辛苦。每一次有人在社交平台分享这本书，每一个因为书里的内容而找到方向的读者,都让我觉得那些不眠之夜是值得的。

出书后,我陆续收到过很多读者的反馈,让我印象深刻的是一位刚毕业的女孩,她在我的公众号后台留言道:"我曾经觉得,职场就是一场无意义的消耗战,每天加班到深夜,却不知道在为谁努力。但读了您的书,我开始明白:只有自己掌控的能力,才是永远属于自己的财富。如今,我考取了职业资格证书,正在努力向更高的岗位迈进。"还有一位中年读者分享了自己被裁员后因读我的书重新找到信心的经历,他说:"我一直觉得自己已经错过了转型的最佳时机,但读完书后,我决定挑战自我。现在,我进入了一个全新的行业,从头开始。虽然前路未知,但内心却更加坚定了。"

这些故事,都是我创作时从未预料到的,但它们却让我感受到文字的真实力量。一本书的价值,远远超出了我的期望,它让我走进了一个个闪亮的生命中。

03 写作让我看到了更多可能性

现在的我,每一次动笔写书,都会问自己:这本书对读者的价值是什么?我想传递的核心观点是什么?如何能够让读者有耐心读完这本书?这些问题逼迫我不断学习、深入思考,并将自己的碎片化经验系统化地呈现。这种自我提炼的过程,也让我成为一个更有深度和有条理的人。

以《AI制胜》为例,这是我 2024 年出版的一本书。为了写好这本书,我深入研究了人工智能生成内容(AIGC)领域的最新动态,结合企业实践案例,提出了自己的独到见解。这不仅帮助我在行业内树立了更权威的形象,也让我对这个领域的未来有了更深的理解。出书不仅是表达和输出,更是学习和提升。

写作和出书,让我成为更好的自己,也看到了更多的可能性。

出书之后,主动来找我合作的客户多了很多。很多第一次与我见面的合作伙伴都跟我说过这样一句话:"看您的书,就觉得作者一定是个既靠谱又值得信赖的人。"对我来说,这是莫大的褒奖和鼓舞。我也深知,这种信任的建立,是源自书籍本身的力量。书是思想的名片,也是价值的传递器。它让我能够在一个完全陌生的环境里,与他人更容易建立起深度连接。

每一次这样的连接,都让我更加坚信:书籍是一种最有温度的传播工具,它可以触达那些远方的读者,让他们感受到你的真诚和努力。

在开始进行职业写作之前,我是一个典型的"独行侠",不太擅长表达自己,也很少主动分享内心的感受,但写作改变了我。

为了让文字更加贴近人心,我开始试着去理解他人;为了让文字更加鲜活,我学会了从日常生活中捕捉细节;为了触达更多人,我努力用最平实的语言去传递最复杂的思想。这个过程不仅让我写出了更多打动人心的内容,也让我变成了一个更有同理心、更懂得与人沟通的人。

尤其是在我开始做知识付费课程后,我发现,这种能力的提升让我能够通过写作,把复杂的概念简单化,把抽象的思维具象化,从而帮助更多人获得启发。

我仍记得,在一次线下活动演讲后,有一位听众特地跑过来对我说:"公子老师,我就是因为读了您的文章才决定创业的!虽然很难,但我现在每天都充满动力,因为我知道自己走在想走的路上。"那一刻,我有一种无法言喻的幸福感和自豪感。我从未想过,自己写下的文字居然能对另一个人产生如此深远的影响。这并不是个例,无论是通过留言、邮件,还是线下见面,我都听到了许多类似的故事:有人因为我的公众号里的职场文章,决定突破自己的职业瓶颈;有人因为我的创业经历,找到了人生的转折点;甚至有人因为我的调侃段子,觉得人生其实没那么糟,总能找到点幽默活下去。这些反馈就像一盏盏灯,照亮了我在写作这条路上的每一个至暗时刻,也让我愈发坚定,我要一直一直写下去。

更有趣的是,写作让我意识到,我的人生并不被固定的身份或标签所限制。当我写下"光头公子"的调侃段子时,发现幽默可以成为生活的解药;当我研究人工智能生成内容(AIGC)领域,并通过写作将最新趋势分享给更多人时,我意识到写作可以成为知识的桥梁;当我写下创业中的那些痛苦与反思时,我又发现,写作可以成为治愈自己的工具。

文字的边界,就是我人生的边界。而写作的意义,在于它让我相信,人生永远有无限可能。

04 结语

写作,是我寻找人生意义的旅程。它改变了我,而我,也想通过文字去改变更多人。

因为我始终相信:一篇文章可以点燃一盏灯,一本书可以改变一个人,而书写可以照亮更多的人。

写作的价值,不仅在于记录过去,更在于创造未来。

我要成为一个内容创业者，用文字记录我的生活和经历，用思想连接更多人，用书籍在这个世界留下一点点痕迹。

不下牌桌，
坚守在写作赛道

杨小米

公众号"遇见小mi"主理人
新媒体公司CEO

大家好，我叫杨小米，是微信公众号和视频号"遇见小 mi""我和刘先生的日常""我是球球妈"的号主，也是上海一家新媒体公司的 CEO。

我出生于 1988 年，是定居在上海的山东人，已婚已育，有 2 个孩子。现在的我，取得了不错的成绩，有自己的事业、稳定的团队、志同道合的好朋友。

在我看来，这一切都跟写作分不开。

01
我的写作之路

我走上写作这条路挺戏剧化的。因为考研 2 次都没有考上，我就去了老家一家教育机构做销售。工作一段时间后，2013 年 10 月份，我辞职来到上海。由于从小到大都没有离开过家乡，我甚至不会坐地铁。新环境的考验很严峻，我的状态不是很好。在这种情况下，我选择在 QQ 空间写作，把它当作一个情绪宣泄的出口。

2014 年，我一个人在 QQ 空间闷头写，踏踏实实写了 1 年，写了 100 多篇文章，但阅读量不高，平均只有 300 多次，最高的也只有 700 多次。但是只要写，总会有反馈。很多已经失去联系的同学，因为看了我的文章，开始找我聊天。我也加入了一些校友群，机缘巧合，我在群里认识了我老公。

2015 年 3 月，有一个校友跟我说，简书平台挺好。听到这个消息，我马上注册账号，看了简书的文章风格，把 QQ 空间的 100 多篇文章进行修改，连续 3 个月在简书每日更新。刚开始，阅读量也不高,但是我坚持日更,后来我的文章在简书的阅读量大增,很多文章都有几十万次的阅读量。很多人给我鼓励,认可我。不断的正反馈让我坚持写下去。当然,在这期间,写作没有给我带来任何收入。慢慢地,有很多大 V 号联系我,想把我的文章进行转载。

然后,有朋友建议我注册微信公众号,我又立马行动了,注册了微信公众号"遇见小 mi",那时我根本就没有想过以后的主战场会是微信公众号。

前期,微信公众号的用户增长很慢,写了 8 个月,我才开通了赞赏功能,但令我意外的是,赞赏 1 个月的收入远超我的工资。

2016 年结婚后,我辞职了,专心做微信公众号,成为一名自由职业者。这一年春节,我做对了一件事情,就是过年期间,大家都不更新了,很多公众号缺文章,我就坚持春节更新,一个月涨粉 2 万人。**这也是每逢假期,大家都说流量不高,可我依然坚持更新的原因。**我不断研究平台的规律,坚持日更,也和同行交流,发现好用的方法,马上就去执行,终于迎来了爆发,公众号"遇见小 mi"积累了 60 万个粉丝。

2018 年 7 月份,我出了一本书《行动变现》。2019 年,我带领团队同步在今日头条发力,我的账号成了今日头条的"年度十大职场号"。

2020 年,我发现微信公众号出现新的红利,继续坚持日更,并启动新账号"我和刘先生的日常",也积累了 6 万个粉丝。2023 年,启动新育儿号"我是球球妈",积累了 1 万个粉丝。

2023 年 9 月,我转型做视频号直播,到现在已有 1 年多。因为写作的积累,也因为整个微信生态是个闭环,相互打通,我转型成功了。现在很多人在做视频,我也加入了这个行列,但是我依然没有放弃写作,微信公众号依旧日更。

我详细介绍了我的写作之路,是想跟大家分享一点:平台在变化,但写作的底层逻辑不变,你只要坚持写,总有一个平台能给你机会。在这个过程中,我们一定要有开放的心态,"听人劝,吃饱饭",我就是听了朋友的建议,加上我有很强的执行力,所以抓住了很多平台的机会。

02
每个人都应该坚持写作

我一直觉得,每个人都应该写作。 有人可能会反驳,说并不是每个人都擅长写作,并以此为生,但我认为写作是每个人都应该掌握的一项技能,因为它会给你带来意想不到的改变。现在流行打造个人品牌,写作真的是成本极低的实现方式。

我刚来上海的时候,进入一家企业咨询公司工作。一次,团队接到一个月子行业的案子,作为新人,我们并不了解月子行业,但一段时间后,月子行业的人都很认可我们,我们就是靠写作做到的。

当时,为了找一个切入点了解这个行业,公司注册了一个微信公众号,没有日更,顶多周更,也没有做任何付费推广,粉丝量不是很多。我们去采访月子行业的创始人,先是在上海采访,后来去全国各地采访,再进行内容创作。这个公众号没有盈利,但是价值非常大,它让业内人看到了我们的态度和专业。后来,很多月子行业的公司将大型活动的策划、媒体公关方面的业务都交给我们做,还有一些公司付费请我做他们的市场顾问,我每周只需要去一次,做一些指导,不做具体的执行工作。

虽然我早已离开了这个行业,但是后续一直受益于从中积累的人脉、掌握的能力。所以说,关于写作,不一定非要写很多人都在写的"心灵鸡汤",你完全可以结合自身专业,给大家做一些知识普及,在垂直细分领域更有机会。

我有一个好朋友是律师,也是我们公司的法律顾问。我签任何合同,都会提前让她看。她之前给我们微信公众号投稿,很多读者留言想要找她做咨询。

其实,不只公司,我们每个人都需要这样的法律顾问,比如要结婚了,婚姻涉及的法律问题有哪些?婚前协议是什么?法律专业知识,普通人是很难弄清楚的,面对那么多的信息,也不知道问谁。如果有人恰好在科普这些知识,你是不是愿意信任他?

经常有人问我怎么积累客户。如果你会写作,你可以把客户的各种问题整理一下,将你的专业分析用通俗易懂的语言表达出来。只要你坚持做这件事情,不用太久,大家都会觉得你是专家。你通过行业论坛、微信公众号、小红书等各种平台发布内容,甚至可以在朋友圈用100~200字讲清楚一个问题,那么想了解这方面问题的人都可能向你咨询。只要你让大家看到你的专业性,你的业绩能不好吗?写作久了,逻辑分析能力也得到了提升,倒逼自己表达。这样和客户沟通时,事半功倍。

如果你打算在一个行业里深耕,我强烈建议你开始进行行业方面的写作,发布到朋友圈或者其他公众平台,通过写作放大你的个人优势,积累潜在用户。

我有个朋友曾说过:"你的幸运藏在你的坚持里。"坚持写作,让你的幸运早点到来。

03
新手如何从 0 到 1 进行写作?

我之前问过很多人,是什么阻碍了他们写作?答案是担心写不好。其实刚开始写的时候,肯定写不好。我现在翻看自己 2015 年写的稿子,真的挺一般的。

我的建议是坚持写,比如,记录一件自己今天遇到的事情,应该不困难吧?先写 200 字,慢慢地补充一点细节,拓展到 500 字,再到 800 字、1000 字。这个过程,哪怕卡壳,也要硬着头皮去写。要不然一旦放弃,就很难再写完整了。

写得不好没关系,可以再修改。我出书的时候,整理新书的内容,看自己以前写的文章,也有很多不满意的地方,反复修改就会好很多。

我们不要用固定的思维看问题,而要用成长型的思维。不要还没做,就怀疑自己。写作是一件需要积累的事情,如果没有前面的积累,你也感受不到自己的进步。

除了开始写,对于写作者来说,素材积累也非常重要,这决定了你是否能坚持下去。**写作是一件需要大量输出的事情,大量的输出意味着大量的输入。**

在写作上,我不是天赋型选手,没有全网爆红的文章,没有一夜之间粉丝暴涨,也很少跟热点。不是我不想跟,而是大部分的热点都跟不好。

大家看我的文章,记录的都是生活和工作的方方面面,但是就算经历丰富,总写一个选题,肯定会灵感枯竭的,所以我的方法是通过走出去,大量接触不同的人,获取一线素材,为读者们提供一些实用价值。

我现在做任何事情都很积极主动,因为我知道这样做,说不定会有意想不到的发现,就可以将其当成写作素材了。比如,看房子,我特别耐心地听中介的每一句话,这样积极的倾听也让他们有倾诉的欲望。我有不懂的地方,就向他们请教,比如增值税、个税、契税,普通住宅和非普通住宅怎么界定,还问他们在卖房的过程中,遇到了哪些有趣的事情。本来看房是一件耽误时间、消耗精力的事情,却因为可以让我了解另一个行业,获得更多的写作素材而让我觉得很有意义。

凭借这样主动的心态,我获得了大量的信息。此外,持续不断地学习,也让我进步很快。

04 相信日积月累的力量,绝对不下"牌桌"

这两年,我发现,很多当年一起做微信公众号的朋友都不更新了,我的心得是:只有留在"牌桌"上,才有机会赢。

不管别人如何唱衰图文内容,我依然选择认真写内容、做运营,这是我的核心阵地，事实也证明，我的选择没有错。守着已有的阵地，稳固住公司的现金流，再去往外拓展，去做视频、做直播，尝试更多的方式。

如果不上"牌桌"，不入局，就算有再多的机会，又和我有什么关系呢？我现在才 36 岁，抗压能力不错，主动性强，行动力强，擅长整合资源，并不想早早"躺平"。

我始终相信，只要在"牌桌"上，未来我的事业会再上一个新台阶。在写作这条赛道上，我会一直坚持下去。

我希望看到这篇文章的你，和我一样，走上写作之路吧！

平台在变化，但写作的底层逻辑不变，你只要坚持写，总有一个平台能给你机会。

小镇青年的逆袭：
从写第一本书开始

叶小鱼

叶小鱼文案学社创始人
《文案变现》《新媒体文案创作与传播》等书作者
"锦鲤与海"原创珠宝品牌主理人

只要能出一本书,你就有机会超越 99% 的人。这并不是一句玩笑,而是我从一个打工人变为自由职业者的重要原因。

01 出第一本书带来的奇迹

我是叶小鱼,一个来自江西的"小镇青年",没有背景,没有任何资源,出了书后,我的整个人生轨迹都不同了。

(1) 出了四本书。 第一本书《新媒体文案创作与传播》销量高达 20 万册,被一所"双一流"大学选为文案教材。我很快又写了一本畅销书《文案变现》。这两本书都曾获得当当网畅销榜第一名。最近,我带学员出版了《职场沟通技巧》《一字千金》。

(2) 做出爆款课。 我将十几年的工作经验归纳成一套销售文案方法论,帮 10 万多个文案"小白"学会文案变现。现在,他们有的每月多赚 3000 元~1 万元,有的得到了月薪 3 万元的工作机会,甚至还有人拿到价值 35 万元的文案订单。出第一本书,就是这一切的开始!

(3) 收入大幅提升。 我从一个在深圳住月租金 350 元的单间、月薪 3000 元的人,变成了月入 10 万元、别人口中的"有为青年"。因为有了畅销书的背书,我获得大量中国 500 强企业的邀约,为万科、唯品会、招商银行等企业定制专属文案课,还担任了多家企业的营销顾问。

这些都是从前的我不敢想象的,从自己文案变现到带着学员变现,我的整个人生发生了意想不到的华丽蜕变。

02

那个没有伞的孩子,只能奔跑

小时候的我是个留守儿童,跟奶奶相依为命。年幼时,我的小脑袋就开始盘算着如何多赚点钱,为奶奶增添几件保暖的棉大衣。

想赚钱就是我最大的心愿。通过什么方式去赚钱,需要思考。上大学时,我在图书馆里看到一本广告年鉴,里面的精彩创意深深吸引了我。这么精彩的创意和文案,让人很想买这个品牌的东西。这不就是赚钱的方法吗?有好的广告文案就能卖货啊!

毕业后,我只身南下,找文案相关的工作。结果,我发现,对于我这种没学历、没经验的人来说,在大城市找工作困难重重。

我做过蛋糕店收银员,结果第一天就被辞退。也做过超市促销员,在38摄氏度的高温天气连续卖了7天货,工资却和老板一起消失了。就在我快要花光身上的钱、不得不睡大街的时候,有个珠宝杂志社给了我一个工作机会:月薪3千元的文案岗位,不包吃住。

我一直都是人群中最笨拙的那一个:文案写半天,找不着北,领导骂我的声音整层楼都听得见。我好像又是人群中很幸运的那一个:我认识的营销总监手把手教我,从最基础的4P理论开始教。与此同时,任何我看到过的与营销文案相关的课,我都会报名学习。每次报名都要花掉一两个月的工资。我还看各种书,每学到一个知识点,都会尝试用到我的文案中。

在逼仄的格子间里,我拥有了一个小梦想:10年之后,能够靠文案做自由职业,不用早九晚六地上班。因此,我的学习和工作的动力又增加了不少。

为了增长文案写作经验,业余时间我也免费给别人写文案,如海报文案、公司介绍、全新品牌营销策划,只要有机会写,我都会全力以赴。为了提高文案转化率,我连续7天通宵赶进度,最后体力不支,直接晕倒在老板面前。

事实证明,你在哪里下功夫,哪里就会有反馈:通过在朋友圈发广告文案,我给一个服装品牌带来大量客户,总营收超千万元;通过一篇微信公众号文章,给一家民营小企业卖了价值30万元的货;给一家天猫旗舰店的商品详情页做文案优化,让单品多赚23万元;为某客户优化产品文案,不到10小时售出3791个产品,打破销售纪录;给一家公司做品牌营销策划案,拿到10万元报酬……

我成为键盘前面的销售人员,拿到了帮企业做销售的成果。

03
正因为没有伞,才想要给别人撑伞

在31岁生日这天,我终于做了个决定:离职,做一个自由文案讲师!

那段时间,我学的所有关于文案写作的课都让我觉得:如果我是一个刚入行的文案"小白",我听了这些课仍然会一知半解,为什么我不自己做一门更好的课呢?

我想起刚入行时,被领导骂得不知所措,对未来的迷茫、不甘、心酸涌上心头。但我又何其幸运,有人手把手地带我,仅一个月我就有了巨大变化。跟对人,让我的成长更快速。现在的我,完全有能力像当年带我的人一样去带别人!想到这里,我激动不已,写了一篇文章记录我的想法、接下来要做的事情以及准备怎么做。

当你特别想做好一件事的时候，全世界都会帮你！没想到，这篇文章发出去几分钟后，我就得到了出版第一本书的机会。大概半年后，这本《新媒体文案创作与传播》就出版了，一度占据了当当网畅销榜榜首。

为了更好地开发课程，我又去学课程开发、游戏化课程设计等等，确保课程能够让学员听得进，用得上，能变现！

课程出来后，很快吸引了起点学院、唯库、帆书（原樊登读书）、三节课、馒头商学院等课程平台合作。回头看，那些在我的目标合作平台清单上的平台，我竟然跟它们全部都合作了！做课程两年后，我又把学员经常问及、最为关键的核心思路提炼出来，写了一本新书《文案变现》。这本书不仅畅销，越南语版的版权售出价格还是同类图书的两倍。

做开发文案课这件事，我一做就做了8年。我最有成就感的时刻，就是在收到大家的报喜消息时，如"小鱼老师，上完课后，我换了一个工作!""我升职啦!""在三四线城市,在家做全职妈妈,没想到自己还能每月赚到 3000 元!""本职工作升职无望,没想到在业余时间竟然还能靠文案转型,拿到比之前高 1 倍的收入。"

大家上文案课,都像我当年一样希望能赚到钱。这也提醒我,给大家提供变现机会非常重要。我们给林清轩山茶花润肤油写传播用的海报文案、写销售用的长文案;给我当时担任营销顾问的"爱的是酒"写一句话海报文案;给太平洋咖啡写品牌文案……这些都是我为学员提供的机会。在这个过程中,我们内部相互协助、沟通,从我手上发出去的稿费,已经超过了 150 万元。最近一年,我负责完成了零食品牌凡小妹的品牌升级工作,确定了全新的品牌定位和业务方向,并且带着大家每月固定给凡小妹输出新媒体文案。我很有成就感,在每一次写稿的过程中,看到大家不断成长,我十分欣喜。

当年那个没有伞的孩子,现在也能给别人撑起一把伞了!

放眼看未来,我知道,一直跑下去,阳光会更明媚!

很高兴认识你,我是叶小鱼,我想邀请你和我一起,在文案路上一起跑下去吧!

只要能出一本书，你就有机会超越 99% 的人。

与你同行

张盛玥

中国注册会计师
中国注册税务师
启越加企服联合创始人

我是张盛玥,是一位矢志不渝、追求终身成长的财税工作者,同时也是中国注册会计师、中国注册税务师以及高级管理会计师。身为一个财税服务公司的联合创始人,我在财税领域深耕了14年,累计服务300余个企业客户。我的核心使命是利用财务的强大力量,助推民营企业规范经营、降本增效、持续发展。

我的专长是企业财税合规、降本增效、财税风险管控、财税体系搭建、成本管控、流程优化、信息化建设和团队建设等。我始终凭借专业、责任与热爱,致力于利用财务的力量为企业的经营发展保驾护航,成为民营企业成长道路上的温暖同行者。

在企业财税咨询服务板块,我能为企业客户提供以下具体服务。

(1)**财税合规性提升**:通过专业的财税合规服务,帮助企业客户避免不必要的税务风险和罚款,保障企业在法律框架内稳健运营。

(2)**成本控制与优化**:通过精细化的成本控制及流程优化举措,显著降低企业运营成本,提高企业竞争力。

(3)**财税体系搭建**:为企业量身定制专属的财税体系,提高企业财务管理效率,强化企业的内部控制能力。

(4)**推进信息化建设**:推动企业财务管理的信息化进程,运用现代技术手段提升数据处理和分析能力,为企业决策提供强有力的数据支撑。

(5)**团队建设与培养**:培养一支专业且高效的财务团队,为企业的长远发展奠定坚实的人才基础。

除了是一名专业财税服务者,我还有另一个重要身份——母亲,我育有一对10岁的双胞胎男孩。在深耕财税领域的同时,我在家庭教育领域也积累了长达10年的宝贵经验。

我的两个孩子在我孕32周时就早早降临人世,这一突发状况令我们猝不及防。这对于初为人母的我而言,需要投入更多的精力,去学习育儿专业知识来悉心养育他们。为此,我加入了全国早产儿互助平台,跟随前辈学习早产儿康养知识,同时自学了孩子护理、敏感期启蒙、习惯养成等诸多知识。幸运的是,经过我和老公的不懈努力,孩子们在1周岁时,各项指标均达到正常孕龄出生孩子的标准。

一路"升级打怪",一路探索学习,我们始终注重培养孩子的生活自理能力和养成良好的习惯。随着孩子们日渐长大,我们遭遇了许多棘手的问题,例如分离焦虑、情绪敏感、学习驱动不足等。

在孩子们刚步入小学时,由于我和老公花在工作上的时间增加,陪伴他们的时间缩减,也很少关注他们的内心感受,孩子们出现了不同程度的易怒、厌学、焦虑等状况。突然,我意识到家里的欢声笑语变少了,甚至偶尔还会出现吵架声,这在以前是很难想象的事情。那段时间,繁重的工作压力与育儿的难题相互交织,令我和老公心力交瘁。

所幸，以往学习与积累的育儿知识让我始终相信，孩子犹如父母的一面镜子，我们能够通过孩子的问题来审视自身。值得庆幸的是，我们及时发现了自己的问题，随即进行了调整，增加了陪伴孩子的时间，并用心去感受孩子的内心世界。我们全家会经常一起玩游戏，一起出去爬山、旅游、接触大自然。经过将近半年的时间，孩子们的脸上再度绽放出灿烂的笑容，变得更加阳光自信，对待学习和生活也更加积极。

这段经历让我深刻认识到，即便事业再成功，如果在孩子的教育上出现问题，我们的人生也是有缺憾的。 我目睹身边的客户、员工、朋友在养育孩子的过程中，时常陷入挫败、焦虑的状态，更有甚者，有的孩子出现抑郁自残的情况，小小年纪就辍学在家，荒废了学业，令人惋惜。看到这些，我深感痛楚，于是我开始思考我能为这些孩子、为这些家庭做些什么，毕竟孩子的教育不仅关乎一个家族的传承、一个国家的传承，更关乎人类社会文明的传承。我们奋斗一生，无非是想让自己和家人能够过上幸福的生活，然而，当下有些人因为忙于事业而忽视了孩子和家庭。孩子的问题，大部分都是父母自身的问题，但是很多家长都意识不到这一点。由此，我萌生出搭建一个家庭成长平台的想法，旨在帮助更多的父母摆脱养育困境，帮助更多的孩子拥有健康快乐的童年，帮助更多家庭真正获得幸福！家庭的幸福能够反过来滋养我们的事业，促进国家经济的发展，推动社会的进步。

因此，我期望通过不懈的努力，实现"企业＋家"的模式，为企业和家庭的共同进步提供有力支持，帮助企业主、高管、员工以及更多的人提高家庭教养质量，实现工作与家庭的和谐统一。

在家庭教育方面，我所做的努力和取得的成果主要体现在以下几个方面。

(1) **自我提升**：通过持续的学习与实践，获得高级教育指导师、心理咨询师与心理疗愈师的资质，并且将自己的两个孩子培养成积极乐观、温暖有爱之人，同时也影响自己的家人走上自我成长之路。

(2) **家庭教育知识普及**：通过举办各类讲座、开办工作坊以及开设在线课程，广泛传播家庭教育知识，有效提升家长的教育意识和能力。

(3) **家庭教育咨询服务**：提供一对一的专业化家庭教育咨询服务，切实帮助家长解决实际教育难题，显著提升家庭教育质量。

(4) **家庭教育资源整合**：整合优质的教育资源，为家长提供全方位的教育支持，涵盖书籍、课程、活动等多个方面。

(5) **家庭成长平台建设**：建立朗越家庭成长平台，为家长营造一个交流、学习和共同成长的优质空间。

(6) **家庭教育研究与创新**：积极开展家庭教育相关的研究工作，深入探索家庭教育的新理念、新方法，并将其应用于实践中。

展望未来，我计划进一步优化"企业＋家"的模式，将企业服务与家庭教育紧密结合，为企业和家庭的共同进步提供全方位、多层次的支持。

对于未来的发展，我的规划如下。

(1) **企业内部家庭教育支持计划**：与企业开展合作，为企业员工制订家庭教育支持计划，包括举办家庭教育讲座、提供咨询服务以及进行资源分享等。

(2) **扩大家庭教育影响力**：通过与媒体通力合作、开展公益活动等方式，不断扩大家庭教育的影响力，进一步提高社会对家庭教育的重视程度。

(3)**家庭教育与企业社会责任结合**：将家庭教育纳入企业的社会责任计划之中，激励企业在发展的同时，关注员工的家庭和子女教育问题。

(4)**家庭教育的科技应用**：充分利用现代科技手段，例如人工智能、大数据等，为家庭教育提供更为个性化和智能化的支持。

通过这些规划，我衷心希望能够实现企业与家庭的和谐发展，为企业的长远发展打下坚实的基础，同时也为社会的和谐与进步贡献自己的一份力量。在未来的征程中，我将始终凭借专业、责任和热爱，为企业和家庭的进步保驾护航，成为他们温暖而坚定的同行者。

在未来的征程中,我将始终凭借专业、责任和热爱,为企业和家庭的进步保驾护航,成为他们温暖而坚定的同行者。